新潮新書

象
Kosho

フィリピンパブ嬢の経済学

1002

新潮社

はじめに

２０１５年10月。僕はフィリピン人女性のミカと結婚した。

ミカと出会ったのは２０１１年。当時大学院生だった僕は、フィリピンパブを研究しようと、調査の一環で訪れたフィリピンパブで、ホステスとして働いていたミカと出会い、交際を始めた。

大学院を卒業後、就職活動に失敗した僕は、定職につくことなく、アルバイトや日雇いの現場仕事を転々として暮らしていた。

フィリピンパブ嬢、ミカと交際し、様々なハードルを乗り越えて結婚するまでの経緯は、２０１７年に刊行した『フィリピンパブ嬢の社会学』のなかで詳しく書いたので、そちらをお読みいただきたい。

結婚した後も、僕は定職には就かず、日雇いの仕事や、友人の家族が経営する町工場、母校の大学でのアルバイト生活だった。妻となったミカも変わらず、フィリピンパブでの仕事を続けていた。僕の仕事は不定期で、仕事が全くない時は、月の稼ぎが5千円だけという時もあった。

一方、ミカはフィリピンパブの仕事で月40万円稼ぐ時もあり、僕たち夫婦の稼ぎ頭になってくれていた。

家も、日本に住んでいるミカの姉、メイさん一家のアパートの一室に居候させてもらっていた。やはりフィリピンパブで働いているメイさんと日本人の夫のタダさん、そして子供3人の姉夫婦5人家族と、僕たち夫婦2人の共同生活だ。3LDKのアパートの一室に7人で住んでいた。家賃は月7万円だったから、僕らはその半分の3万5千円を払っていた。

朝、姉の夫であるタダさんがホテルの仕事に行き、子供たちが学校や幼稚園へ行く。夜の仕事をしているミカと姉は昼頃起き、洗濯や掃除、食事の準備を2人で手分けをして行う。大人4人に子供3人。洗濯物の量も食べる量も多い。

午後6時。ミカと姉が、化粧をして仕事に行く準備を始める。その間に、子供たちは夕食を食べる。7時過ぎにアパートに送迎の車が来て、名古屋市内のフィリピンパブへと2人は出勤する。

タダさんが、子供の学校の宿題や準備を手伝い、夜10時には就寝する。夜中3時、姉とミカが帰宅し、シャワーを浴びて寝る。

家には常に誰かがいて、家事や子育てを皆で分担しながらの共同生活だった。

僕は、たまに日雇いの現場仕事に行ったり、大学で研究補助のアルバイトをするだけで、ほとんどの日は仕事もなく、ミカと同じ昼過ぎに起きて、メイさんとミカが家事をしているときは、メイさんの子供を公園に連れて行ったり、家の近くの川沿いの堤防の上を散歩したりして、のんびりと過ごしていた。

フィリピンでは親兄弟や親戚が一緒に住むことは珍しくない。仕事がない大人の男性が昼間からビールを飲み、気持ちよさそうに昼寝をして、子供達と遊んだり、近所の人たちと外でギャンブルをして盛り上がったりする姿を良く目にする。

あの頃の僕も、そんなフィリピンでよく見た大人たちと同じだった。

一般的な日本の家庭であれば「早く就職しろ」「働かないなら出て行け」などと言われそうだが、家で自分だけゴロゴロしているときも、ミカやミカの姉からそんなことを言われることもなく、僕自身も「まぁ何とかなるだろう」と危機感なくのんびりと過ごしていた。
子どもができるまでは。

フィリピンパブ嬢の経済学　目次

第一章　子ども、生まれる

自動車部品工場と掛け持ち

２０１６年８月、ミカは、同じ店で働くフィリピン女性から「昼間の仕事を一緒にやらない？」と誘われた。

自動車の部品工場の派遣労働で、時給１０００円。土日祝に出勤すると時給が高くなる。「１人で行くのは不安だから一緒に来てよ」とミカを誘ったのだ。

「どうしよう。やってみるかな？」

夜中に仕事から帰ってきたミカは化粧を落としながら言う。

「まぁなんでも経験だし、やってみたらいいいんじゃない」と僕は、布団に横になりながら答えた。

日本に来て６年。フィリピンパブでの仕事も慣れて、今では何人も指名客がおり、売り上げも高く給料も良い。

だがこの先、日本で生活していくとしたら、いつかフィリピンパブでの仕事を辞める時が来るだろう。その時のためにも、フィリピンパブ以外の仕事をするのも良い経験になるかもしれない。

「そうだね。やってみるか。嫌なら辞めればいいし」

そう言って、ミカは工場の仕事をすることに決めた。

初日、朝6時に起きたミカは、ジーパンとTシャツを着て、髪の毛を後ろで結び、仕事に行く準備をしていた。

「緊張するな。どんな仕事かな？　意地悪な人いるかもしれないな。日本語で面接できるかな」

今日は、仕事の前に派遣会社と面接があるらしい。その面接に合格しないと仕事を始めることができない。不安そうな顔で、ミカは家を出て行った。

ミカが働くのは愛知県豊田市内にある自動車の部品工場だった。工場内には様々な自動車メーカーの工場向けに出荷される部品がある。

工場内では、水色の制服に着替え、帽子をかぶり、ゴーグル、手袋を着け、安全靴を履く。1日の生産ノルマがあり、手早く作業をしなければならない。初日のミカは仕事がわからず、ミスをして何度も作業を止めてしまったという。

「先輩が優しく教えてくれるんだけど、みんなの仕事が止まっちゃうから気にしちゃう」

初めてのフィリピンパブ以外の仕事だった。ミカにとっては慣れない事ばかりで、大変だったそうだ。

「めちゃ疲れた。背中痛い。腰痛い。足痛い」

初日を終えたミカは、疲れ切った表情だった。今まで、フィリピンパブで座って仕事をしていたので、立ち仕事はきつかったようだ。

疲れてふらふらなまま、休む暇もなく、食事をし、化粧をして、フィリピンパブに出勤していった。

それから深夜2時までフィリピンパブで仕事。その後、送迎の車で帰宅して、化粧を落とし、シャワーを浴びて3時に寝る。

朝の6時に起床して服を着替え、自転車で最寄駅まで行く。派遣会社の社員が車で迎えに来る駅までは地下鉄で40分。集合時間の7時20分に間に合うように向かう。車で10

分ほどの豊田市内にある工場まで行き、8時に仕事を開始する。17時に仕事が終わり、家に着くのは18時30分。そこから夕食を食べ、シャワーを浴びて服を着替え、次はフィリピンパブへの送迎の車に乗り出勤する。

1日の睡眠時間は3、4時間。朝6時に起きて家を出るときには、もうフラフラな状態だ。目の下にはクマができ、口数も少なくなる。夜、フィリピンパブでの仕事中は、何度も睡魔に襲われたという。

8割が外国人労働者

そんな生活が長く続くわけも無く、フィリピンパブの仕事は週3日ほどに減っていき、昼間の工場の仕事が中心となっていった。

「工場は外国人の人が多いよ。沢山いるから何人いるかわからないけど、8割は外国人。日本人は給料高いから少ないって先輩が言ってた」

ミカを雇う派遣会社の担当社員も日系ブラジル人やフィリピン人だった。ミカの任せられた部門で一緒に働くのは4人で、全員フィリピン人女性だという。

「仕事中はフィリピン人同士でも日本語で話すよ。日本人のスタッフが1人でもいたら日本語話す。だってここは日本でしょ。日本語で仕事するのは当たり前。日本語がわからないときは、タガログ語で説明してくれるけど、だいたい日本語が多い」

仕事を管理しているのは日本人だ。仕事中は、日本人の管理者から日本語で指示をもらわなければならない。そのため、フィリピン人同士でも日本語が職場での共通言語となる。

フィリピン人同士の集まりに行っても、日本人の僕がいると、気を遣ってか、フィリピン人同士でも日本語で話すことが良くある。

「タガログ語で話してたら日本人の人が『なに話してるのかな?』って気にするでしょ。だから、フィリピン人同士でも日本語で話すよ」とミカは言う。

日本で生きる外国人は、日本人に受け入れられるように、本人たちなりの努力をしている。

ミカは、工場の仕事をし始めてから、日本で働くということについて、理解しはじめた。

「工場の仕事をしてわかったことだけど、時間を守る、約束を守る、何か言われたら返事は『はい』、ミスしたら『すみません』は大事。工場の中はルールがいっぱい」

工場内では沢山のルールを守らなければいけない。僕も日雇いで、大きな工場の中の現場に行ったが、工場に入る前には必ず安全講習を受ける。ヘルメットの着用、一人作業の禁止、歩く歩数まで指示される工場もある。安全のために様々なルールを守らなければいけない。

「工場に比べれば、お店の仕事は楽だね。座ってお客さんと話するだけ。体も疲れない。ただ、お店のほうが心は疲れるかな。お客さん来ないと売り上げもない。売り上げなかったら給料も少ない。めんどくさいお客さんもいっぱいいる。それが夜の仕事のストレスだね」

工場に比べればフィリピンパブでの仕事のルールは緩いだろう。勤務中に携帯電話を触ったり、多少の遅刻や早退も許される。店で嫌なことがあると、お客さんがいても構わず、ママやオーナーに文句を言っているフィリピン女性もいる。

だがフィリピンパブでの仕事が簡単というわけではない。

日本で、それも日本語で日本人相手に仕事をするのは大変だ。自分を指名してもらうために、勤務時間外でもメールや電話で連絡を取らなければならない。中には面倒な客もいる。交際や結婚、肉体関係を求めてくるのをやり過ごさなければならない。売り上げを上げられなければ給料も少なく、そのうちクビになってしまう。日本語で日本人相手に、自分を気に入ってもらうよう駆け引きをしなければならない。常に頭でどうすれば客が来るかを考えなければならない。

また店の狭いコミュニティーの中で、同僚ともうまく付き合っていかなければならず、噂話や悪口など、人間関係でのストレスも多い。

フィリピンパブにはフィリピンパブの大変さがあるし、工場には工場の大変さがある。

ミカを誘ってくれた友人は3日で「私この仕事続けられない」と言って、辞めてしまった。

友達が辞めても、ミカは仕事を続けた。

「私は、夜のお店よりも、工場の仕事の方が向いてる」

ミカは、フィリピンパブでは、明るく、冗談を言って場を盛り上げ、客を楽しませていた。そんな店でのミカをみて、誰とでも話す明るい性格だと思う人もいたが、本当は人見知りで「私、友達たくさんいらないよ。本当に仲がいい友達が1人か2人いればいい」と言う。本来は人付き合いが得意ではない。店では本当の自分を押し殺して仕事をしていた。日本に来て6年。ようやく自分に合う仕事を見つけられたのだ。

ミカは工場の仕事を続けていく中で、プレスやシール張りなど、沢山の種類の作業を経験した。慣れてくると効率も上がり、スピードも出てくる。そして仕事が楽しくなっていく。

はじめての給料は14万円だった。毎晩フィリピンパブで働いていた時は、40万円を稼いでいたから、その半分にも満たない。

それでも「こっちの方が楽しいから、これからは工場の仕事をメインにするよ」という、フィリピンパブでの仕事は木、金、土の3日間だけにした。

夜型の生活から昼型の生活になり、体も動かすため、血色も良くなり、筋肉がついて体つきも引き締まった。

妊娠——生活保護の電話番号を渡される

2016年11月。見るからに体調が悪そうな顔をして、ミカがトイレから出てきた。

「ずっと生理来ない。最近吐き気がして、今もトイレでもどした」

身に覚えはある。

ドラッグストアーに妊娠検査薬を買いに行った。トイレから出てきたミカは複雑そうな顔をしていた。陽性だった。

僕は頭が真っ白になった。仕事は、たまに入る日雇いの現場労働と、転々としていたアルバイトのみ。定職に就いていないから、この先どうやって生活していくかだけでなく、来週の収入も不透明な生活を送っていた。家も居候の身分。そんな僕がこれからどうやって子供を育てていけば良いのか。子供が生まれたあとの生活が全く想像できない。

現実を受け止められずに呆然としていると、

「私、めちゃ嬉しいよ。子供ずっと欲しかったもん。大丈夫。何とかなるよ」

ミカはすぐにいつもの調子に戻る。

ミカにとって子供を持つことは夢だった。

日本に来る前から、姉の子供や小さな従兄弟の面倒を良く見ていたという。僕と交際を始めたときから「私の夢は子供を産むこと」と言っていた。姉や親戚、仲の良い友人に子供が出来るたびに「羨ましい。早く子供作ろうよ」と何度もせがまれた。

だからミカにとっては念願の妊娠だった。いつまでも立ち尽くしている僕とは対照的に、ミカは嬉しそうにお腹を撫でている。

すぐに僕の父と母に報告した。母は「はぁ？　就職もしないで子供出来ちゃって、これからどうするの⁉」と呆れ、父は黙ってテレビを見ていた。

翌日、産婦人科に行きエコーを見ると、小さな黒い袋のようなものが見えた。

「妊娠で間違いないです」そう医師は言い、受付で妊娠届出書を貰った。

妊娠届出書を出しに、市役所に行くと「おめでとうございます」と感じの良い女性の職員が対応してくれた。

ミカがフィリピン人ということを伝えると、タガログ語版の母子手帳を出してくれた。他にも、健診の補助券や出産一時金、市内のバスを安く利用できる制度を教えてくれたり、これから子供を出産するまでのことを、一つ一つ丁寧に説明してくれる。

「すごい。さすが日本。フィリピンだとありえない」

日本に比べてフィリピンの社会保障制度は充実しているとは言えない。子供を妊娠してもここまでの手厚い保障はない。日本の医療水準の検査を受けようとすれば高額な費用が掛かる。

「何か困りごとはありますか？」一通り説明をした職員が僕たちに聞く。

「経済的なことで。定職がないので」そう僕がうつむきながら答えると、

「何かあれば生活保護という制度も利用できますから。本当に困ればこちらに電話して相談してみてください」そういって生活保護課の電話番号を教えてくれた。

僕たち夫婦の収入はミカに頼りっぱなしだった。これからは、僕がミカと産まれてくる子供を支えなければいけない。今までは気が向いたときに仕事をしていればよかったが、これからはそんな、のん気なことは言ってられない。

ミカは慣れてきた工場での仕事を「重いものを持つから」という理由で辞め、お腹が大きくなるまで、またフィリピンパブで働くことにした。

妊娠した後も、お腹が目立つまでフィリピンパブで働く女性は多い。今までは、僕はそんな彼女たちを見て、これからお金もかかるし、仕方が無いよな、と思っていた。だが、いざ自分の妻が、夫の収入が少ないという理由で、お腹が大きくなるまでフィリピンパブで働かざるをえない状況になると、心底自分が情けなかった。

「大丈夫。私はタバコも吸わないし、お店のママも妊娠してることわかってるから、お酒出さないよ」

僕も、まじめに働こうと、日雇い現場で雇ってもらっていた社長に電話をすると、

「よし！　任せとけ！　仕事ならある」

ミカと生まれてくる子供のために、毎日、日雇いで働いた。

妊婦健診の日本語がわからない

妊婦健診が始まった。

「私できないよ。あなた全部やってよ。だって私の日本語下手くそじゃん。恥ずかしいよ。お店の日本語しかわからない。本当の日本語わからないよ」

日本に来てからずっとフィリピンパブで仕事をしてきたミカは、日本人客相手に日本語で接客をすることで日本語を覚えた。

はじめは、メモ帳にひらがなとローマ字で単語を一つずつ書き、わからない言葉は先輩や客から教えてもらったという。カラオケの歌詞はローマ字で書いて覚え、お客さんとメールをする中で、ひらがな、カタカナを覚える。日本語の先生に教えてもらうのではなく、全て独学だ。

正規の学校教育の一環で英語を勉強しても、英語を話せない日本人は多い。彼女たちは仕事をする中で日本語を身につけていくのだから、素直に尊敬できる。だがそれは、店の中で覚えた、フィリピンパブで仕事をするのに困らない程度の「話す」日本語だ。正しい日本語を学んだわけではないため、「てにをは」や、敬語の使い方、漢字の読み書きなどは難しい。日本語を正式に勉強した外国人留学生等と、フィリピンパブの仕事だけで「生きた日本語」を覚えた彼女たちとの日本語能力の差は歴然としている。どれだけ日本に長くいても、学ばなければ日本語、特に読み書きは上手くならない。

ミカはそうした自身の日本語力を恥ずかしく思っていた。店で店員に何かを尋ねる時や、レストランでの注文、会計をする時も全て「日本語わからないから、あなたやってよ」と僕に任せていた。

今まではそれでもよかった。

日本語も、僕と僕の家族や友人とコミュニケーションが取れればよかったし、僕たち2人の会話も、日本語、英語、タガログ語を混ぜれば意思の疎通はできる。日本語が苦手だからと、嫌なことは避けても構わなかった。だから僕はミカの日本語能力のことをそこまで深刻に考えたことはなかった。

だが、妊娠して定期的に病院に通うようになり、ミカの日本語の問題が否応なしに浮かび上がってきた。

病院の受付、会計、予約をするのも毎回僕がやらなければならず、ミカはいつも椅子に座ってスマホを見ているだけ。診察中に医師がミカに話しかけても、ミカは僕の顔を見るだけで、自分からは何も話さない。僕がもう一度、ゆっくりと彼女にわかるように説明をする。ミカは小さな声で答えるが、それを医師が理解できなければ、僕がまた説明しなければならなかった。常に通訳するようなものだ。

「旦那さんはこちらで待っていてください」と、ミカだけ部屋の中に案内される時などは「え？　旦那さん、一緒ダメですか？」とミカは看護師に必ず言った。

問診票を書く際も、まず何が書いてあるかがまったく読めなかったので、僕が毎回読んで記入した。

「体調はどうですか？」

「タイチョウ？　なにそれ？」

「体、元気ですか？　ってこと。睡眠時間は1日何時間ぐらいですか？」

「スイミン？」

「昨日、何時間寝た？」

といった具合に、問診票通りでは、伝わらない言葉が多い。毎回、血圧、体重をはかり、尿を採らなければならないが、そういった言葉もわからない。

日本語の問題だけでない。

病院まで自分1人ではいけないから、僕が車で送らなければならなかった。その度に仕事を休まなければならず、日雇いの身分だから当然給料も減ってしまう。

帰りの車の中で、

「そろそろ1人でできるようにならないと困るよ。全部頼ってくるじゃん。少しは、名前を書けるように練習したり、自分で先生と話したりしてよ。これから子供出来てからも全部頼るわけ？」と僕が言うと、

「しょうがないじゃん。私わかんないんだもん。あなた、旦那でしょ。だったらもっと優しくしてくれてもいいんじゃない？　私、日本語わからないんだもん。日本語わかったら全部自分でやりたいよ！」とミカも言い返す。

病院では日本語がわからないと言って何も話さないのに、喧嘩になると日本語でまくしたててくる。それでますます僕にも火が付き、言い合いになる。

そんな親のやり取りをよそに、お腹の中の子は順調に育っていった。

はじめは小さな点だったのが、頭ができ、手足ができて、少しずつ人の形になってい

く。そんな姿を見ていると、喧嘩を忘れ、「おー人間だ」といいながら、2人で子供の成長を喜んだ。

タガログ語の母子手帳

健診が終わると、ミカは母子手帳を嬉しそうに確認していた。

「こうやって自分で読んでわかるのすごく嬉しいよ。本当に母子手帳タガログ語で助かる」

タガログ語で書かれている母子手帳は、僕の手助けがなくてもミカが自分で読むことのできる、唯一のものだった。病院の問診票や渡される書類だけでなく、市役所から届く手紙、ポスティングされるチラシまで、日本語で書かれているものはすべて、ミカは自力で読むことができなかった。

日本を訪れる外国人観光客の増加はもちろんのこと、中期、長期滞在する外国人の数も266万人を超えている（2022年6月末現在、出入国在留管理庁HP）。駅の案内表示や役所の書類など、日本語が苦手な外国人向けに、多言語で対応をしてくれているところは、確かに増えた。

しかし、ミカと一緒に生活していると、まだまだ日本語でしか表示されていないところは多く、日本語が読めない外国人が1人で理解するのは難しい。

当然のことだが、人に読んでもらうよりも、自分で読んだ方が理解が深まる。興味がある箇所や、一度読んだだけでは理解できないところを何度も読んで、わかるようになったりするからだ。

日本語の読み書きができる僕からしたら当たり前にできることも、ミカはできない。ミカが嬉しそうにタガログ語版の母子手帳を読んでいる姿を見て、ミカのように日本語の苦手な外国人が、自ら読み取ることのできる情報は少ないのだと気付かされた。

だが、やがてミカは、自分の名前と住所を何度も練習し、病院でも自分の名前が書けるようになった。日本社会で少しでも自力で生きて行ける様、努力し続けている。

そんな姿を見て、嫌な顔をせずに言語面でサポートしてあげないと、と反省した。

僕は、工場や、ビルの高層階、埃だらけの場所や、足場が不安定な所で仕事をしたり、泊り込みもこなした。健診に付き添う日以外はほぼ毎日、日雇いで働いた。土日も関係ない。朝から夕方まで大きな工場の工事現場で働き、そのまま夜から翌朝まで、閉店後の家電量販店のリフォーム工事に行く時もあった。

ミカは2017年1月末、フィリピンパブでの仕事を辞めた。

2010年に日本に来て以来、足掛け8年に及ぶフィリピンパブ勤務は、こうして幕を下ろした。

脂っこいものと甘いもの

「うーん。血糖値が下がらないな」

血液検査の結果を見て医師が言う。再検査を受けると、妊娠糖尿病と診断された。

妊娠糖尿病は、妊娠中の糖代謝異常で、普通の糖尿病とは異なるが、お腹の中の赤ちゃんまで高血糖になる場合があり、そうなると様々な合併症を引き起こす恐れがある。

フィリピン料理は脂っこいものが多い。食事中の飲み物も、コーラなど甘いものが主で、生野菜や、お茶などはあまり出てこない。暑い気候風土にあった料理だと言えるが、なんでも味が濃いので、和食に慣れた僕にとっては、胃がもたれそうになるものも多かった。

だが、フィリピンで生まれ育ったミカは、脂っこいものや甘いものが大好きだ。フィリピン料理はもちろん、とんこつラーメン、焼肉が大好きで、飲み物はコーラばかり。ミカの姉の作る料理も揚げ物が多く、生野菜はあまり食べない。

そんな食生活を見直し、制限することになった。栄養士からの指導で、カロリー計算することと、魚や野菜中心の食事に変えるように言われた。もちろんミカの好きなコーラは禁止された。

今まで脂っこいもの中心の食事だったミカにとって、野菜や魚中心の生活は味気無く辛いものだった。

「食べてても何も美味しくない」と文句を言いながら食事をする。

「甘いものが食べたい。コーラ飲みたい！」と夜中に起きて、頭をかきむしりながら怒ることもあった。

「ずっと甘い食べ物の事ばかり考える。本当に甘いの食べたい。砂糖なめたい」

毎日、血糖の数値の記録もとらねばならない。1日3回、パチンと指先に針を刺して血を採取し、血糖値を測定した。

はじめは血糖値が高いままで、医師から「もう少し食事制限頑張ろうね」と言われ、

「まだ続くのか」とミカは肩を落としていた。

それでも頑張り続けた結果、少しずつ数値も落ち着いてきた。医師からも「ミカさん頑張ってるね。数値も落ち着いてきたからあと少しだ、頑張ろうね」と言われると、嬉しそうに「もう少し頑張る。赤ちゃんのために」とやる気になった。苦手だった納豆も、お腹の子のためにと我慢して食べた。

こうしたミカの頑張りで、血糖値は下がっていった。

陣痛から破水まで3日がかり

やがて、ミカのお腹はスイカのようにパンパンに大きくなった。

医師から、「たくさん歩くように」と言われ、夜はミカと家の近くの川沿いの堤防を2人でゆっくりと歩いた。

2011年7月、たまたま入ったフィリピンパブで、偶然隣に座ったミカと、まさか結婚して、子供が出来るなんて想像もしていなかった。出会った頃、ミカは別の日本人男性と偽装結婚していた。マネージャーとの間に契約があり、外出の自由もなく、休みも月2回しかない。売り上げノルマやペナルティーに追われ、いつ引き離されるかわからなかった。

交際を続けていくことさえ難しいと思った。それが、こうして結婚して、新しい家族を迎えることになろうとは。

「人生何処でどうなるかわかんないものだね」なんて僕が言うと、

「あなたラッキーだよ。わたしと結婚できて。私優しいからね」とミカが答える。

「逆じゃない⁉」と言う僕に、

「じゃない」とミカが笑いながら返した。

こんな冗談を言いながら、川べりを歩いた。


出産予定日の2017年7月初旬、午前2時のこと。

「ううぅ……お腹痛い」とミカはお腹を押さえた。

「少しだけ水でたかもしれない」破水したかもしれないと言う。

病院に電話をすると「泊まれる準備をして病院に来てください」と言われた。

準備してあった着替えを持ち、車で病院まで行った。ミカは何度も腹痛に襲われ、駐車場から病院の建物まで休み休み歩いた。僕はミカの腰をさすりながら、病院の中まで連れて行った。

3時間ほど病院で過ごしたが、看護師が様子を見ると、破水もしておらず「もう少しかかりそうだね。今日は出てこないかもね。もう少しいっぱい歩いてみて」と言われ、家に帰された。

家に帰ってからも、ミカは「お腹痛い」と苦しんでいる。僕は後ろから腰をさすりながら「もう少し、もう少し」と声をかけた。

お腹は痛むが、相変わらず破水はしていない。痛みには波があるので、痛くないときはなるべく外に出て歩く。僕も予定日の前後は仕事を休んでいたが、さすがに何日も休めない。

「破水したらすぐに戻るからね」

そういって、ミカの姉と、来日していたミカの母にお願いして、僕は仕事に行った。

お腹を突き上げるような痛みが、はじめは数十分おきに襲い、そしてだんだんと間隔が短くなってくる。だが、まだ破水はしない。何とか赤ちゃんが下におりるようにと、動けるときは歩き、痛みが来たらその場で立ち止まることを繰り返した。

僕の仕事が終わった後は、一緒に外に出て歩いた。辛そうなミカを見てこちらまで辛くなる。夜遅く、公園に行き、鉄棒にぶら下がったり、公園を端から端まで歩く。夜も、痛みが激しくて寝られない。その時のことを思い出し、ミカは今はこういう。

「本当に死ぬかと思った。3日間だよ。ずっとお腹痛いの。痛みが止まってもまたすぐ痛いのが来る。もう本当に怖かったよ」

そんな話を聞くだけで、男である僕が経験したことない、すさまじい痛みに耐え抜いたミカに頭が上がらなくなる。

陣痛が始まってから3日後、間隔も短くなり、深夜にようやく破水した。

病院に行ったら、分娩室に通された。夜中。ソファに座ったり、立って歩き回ったり部屋の中をうろうろとする。ミカの顔は青白く「もうお願い早く出てきて」と辛そうな顔をしながら言う。

看護師が確認に来ると「もう少し下に赤ちゃんが下がらないといけないから、もっと動いて」と言われる。

その言葉を聞くたびに「お願いだから出てきてよ」とミカは絶望したという。

僕は腰を摩りながら、「がんばれ、がんばれ」と声をかけることしかできなかった。

朝7時、僕の母とミカの母が病室に来た。僕はこの日も、日雇い現場の仕事があった。

日雇いだと急に休むことも難しく、また工事現場が病院の近くということもあり、何かあったらすぐに戻るという約束で仕事に出ることにした。

帝王切開手術となる

工事現場についた僕は、ミカのことが気になり仕事に身が入らなかった。母からの連絡が気になって、何度もスマホを確認する。

昼前に「帝王切開になったよ」と、母からＬＩＮＥが入った。

昼休憩の時に急いで病院に戻ると、ミカは酸素マスクをして、ベッドの上で横になっていた。ミカの母が目を真っ赤にして、ミカの手を握っている。

「大丈夫か⁉」と僕が聞いても、ミカは「うぅぅぅ‼」と唸るだけだ。

看護師にベッドを動かされながら、僕はミカの手を握って手術室まで付き添った。

手術室の前に来ると「オペ痛いかな……？」とミカが小さな声で言う。

「痛くないと思うよ。少しだけだから、頑張って」

そう声をかけると、ミカを乗せたベッドは手術室の中に入っていった。

自動扉が閉まると、僕は手術室の前で立ち尽くした。ミカがいることが当たり前になっていて、それまでは気づかなかったが、いなくなってしまうこともあるのだとふと気付いた途端、まるで頭を殴られたかのような強烈さで、今更ながらミカの大切さを思い知らされた。

病室に戻ると、母たちが、僕がいなかった間のことを教えてくれた。

僕が仕事に出た後、ミカは分娩台に上がって、看護師に言われたようにいきんでいたという。だが、医師が赤ん坊を取り出そうとしても、なかなか出てこない。やがて、ミカが苦しい表情で叫んだ。すると、赤ちゃんの心音が下がってしまい、危険な状態になったのだという。後でわかったのだが、実はこの時、へその緒が赤ちゃんの首に巻き付いていたのだ。赤ちゃんは危険な状態に陥った。

何人もの看護師が走って病室に入ってきて、ミカの母らは外に出され、あわただしい雰囲気になった。ミカの母は日本語がわからないから、何が起きているのかわからず、パニックになり泣き出してしまった。

病室の中からは「あぁぁぁぁぁぁぁぁ!!」と、ミカの叫び声が聞こえる。いてもたってもいられなくなったミカの母は、何度も病室に入っては看護師に外に出されたそうだ。

病室の中から出てきた医師が僕の母に向かい、

「お義母さんですか。これから帝王切開をします」

と伝えた。僕の母は英語もタガログ語も話せない。前日、僕の弟からスマホの翻訳アプリの使い方を教えてもらったが使いこなせていなかった。

ミカの母は、何が起こっているのかわからずパニックになっている。

僕の母はとにかく何が起きているかを伝えようと、

「カット！　オープン！」

手でお腹を縦に切り、両手で開くジェスチャーをした。言葉のわからないミカの母に伝えるため、とっさに思いついた行動だった。ミカの母は帝王切開だと理解し、少し落ち着いたそうだ。

体重2800グラム、身長49センチ
僕は母から話を聞いた後、急いで仕事場に戻った。
僕が病院から出た後、ミカの母はミカの姉に電話をしながら、ただただ泣いていたという。僕の母は隣で黙って待つことしかできなかった。異国の地・日本で、自分の娘が苦しんだ後、手術室に運ばれたのだ。ミカの母も相当ショックだったに違いない。

「ミカちゃんのお母さんは泣いてるし、電話で何話してるかわからないし。言葉が通じないから何を話していいかわからないし」

病室の中の空気は重かった。

ミカが手術室に入ってから1時間後。

「安心してください。お母さんもお子さんも元気ですよ」

看護師がミカと赤ちゃんを連れてきた。

「本当に安心した。ミカちゃんと赤ちゃんが元気で、私まで涙出てきちゃったよ」

病室の中で２人の母は抱き合いながら号泣した。

夕方、仕事を終えて急いで病院に戻ると、ミカは鼻に酸素チューブを入れられ、点滴が刺さった状態で寝ていた。

隣には、透明なプラスチック製のベッドに寝ている小さな赤ちゃんがいた。体重２８００グラム。身長49センチ。生まれたばかりの僕たちの娘だ。まだ体が赤く、顔もシワシワで寝ている。

病室には僕の両親、ミカの母、ミカの姉とその家族も来ている。

「おめでとう。パパになったね。ほら、抱っこしてみて」

ミカの姉が嬉しそうに言ってくれる。初めて抱いた娘は、小さくて、軽く、僕の腕の中で気持ちよさそうに寝ていた。

ミカが目を覚ますと、小さな声で、

「赤ちゃんどう？　可愛い？」

と訊いた。

「めちゃめちゃ可愛いよ。自分の子供がこんなに可愛いなんて思わなかった！」

「よかった。ちゃんと子供のこと可愛いって思ってくれるか心配だったから。顔の形あなたにそっくりだよ」

「ありがとうね。元気な赤ちゃん産んでくれて」

「私もありがとうね。2人のベイビーできて嬉しいよ」

僕やミカの友人たちが沢山お祝いに来てくれた。日雇い現場の仕事で出会った人や、僕やミカの友人から服や、おもちゃ、抱っこ紐などを沢山もらった。

沢山の人たちに支えられながら、僕たち夫婦は新しい家族を迎えた。

子供を産んで強くなる

「日本語とか1人で大丈夫？」

帝王切開の手術後、1週間ほど入院生活を送らないといけない。産後で疲れており、日本語もまだ苦手なミカを気遣って訊くと、

「大丈夫、私1人でできるから」と返す。

妊娠したばかりの時は、僕に頼りっきりだったミカだが、子供を産んだ後は堂々としていた。

看護師と話をするときも、わからない言葉があれば「もう1回お願いします」と聞き返す。

大事な書類があれば「後で旦那さんに読んでもらうので、どういう書類か教えてください」と、自分が説明できるまできく。

日中は僕が仕事でいないが、ミカは1人で医師や看護師と話し、毎日、赤ちゃんの様子を見ながら病院で過ごしていた。

「なんか子供産んですごく自信ついた。あれだけ大変な思いしたから、もう何でも平気

だよ。それに日本の病院は優しいね。看護師さんもみんな優しい。いつも『大丈夫ですか⁉』って聞いてくれるし、ゆっくり話してくれる。めっちゃいい感じだよ」

ミカは、人のあたたかさに気付けるほどの余裕ができていた。異国での出産を通して、より一層逞しくなっていった。


退院した日の夜。ミカの姉の家でパーティーを開いた。テーブルには、食事制限をしていたミカのために、久しぶりのフィリピン料理が並べられた。

僕の両親もパーティーに参加した。

子供ができたと報告したときは呆れていた僕の母だが、いつの間にか初孫に夢中である。

僕も子供が生まれたことにより、ミカやミカの姉、ミカの母と、より絆が深くなった。フィリピンにいる姪っ子たちも、今までは僕のことを「お兄さん」と呼んでいたのが、「叔父さん」と呼ぶようになった。

僕もミカも、子供が出来たことにより、互いの家族との繋がりが深くなったような気がした。

夢のサラリーマン生活へ

子供が産まれる5カ月前、2017年2月に、僕はミカとの出会いから交際、結婚までを書いた前著『フィリピンパブ嬢の社会学』を出版した。

出版後は、新聞やラジオ、テレビ、雑誌などたくさんの媒体から取材を受けた。講演会の依頼も多く、地元愛知だけでなく、関東や関西、そしてマニラにまで講演に行った。取材対応や執筆などで毎日忙しかったものの、収入は日雇いの現場仕事がメインだった。

毎日、日雇いに行き、その合間に取材、講演、執筆活動をする。そして、ミカの出産前の通院付き添いや出産後のケアもできる範囲で行う。

毎日忙しいものの、不安定な立場だ。講演会の依頼や執筆の仕事もいつまで来るかわからない。また日雇い現場の仕事も、突然休みになったり、全く仕事がない時もある。

自分たち2人だけでなく、子供も育てていかなければならないから、僕の心の中には、早い段階で正社員という安定した立場にならなければ、という焦りがあった。

僕が大学生だったのは、リーマンショックの影響で就職が厳しい時期だった。エントリーシートを出しても面接までたどり着くのも難しく、何十社と面接をしても内定が一つも貰えない友人もたくさんいた。

大学の先生から「君たちに能力がないのではない。本当に厳しい時代に当たってしまった。気の毒としかいいようがない。申し訳ない」と、悔しそうに話をされたこともある。

大学を卒業しても内定がない友人もいた。卒業する2011年3月には東日本大震災があり、さらに就職は厳しくなっていた。

僕は大学院に進学を決めたが、友人や先生から「新卒というカードを捨てたら、良い企業に就職するのは厳しくなるぞ」と言われた。

就職した友人の中には、職場の環境や待遇に耐えられずに辞めてしまう者もいた。いわゆるブラック企業にしか入社できない状況だったのだ。それでも正社員で就職できればマシで、契約社員や派遣社員という立場でしか働けない友人もいた。

僕も、大学院の時に就職活動を失敗し、一度も正社員になることなく、28歳まで過ごしてしまった。今更、履歴書を書いても、職歴の欄に書けるのは日雇いの現場仕事と、数カ月アルバイトした企業の名前だけで、正社員として勤めた会社はない。

正社員にならないと、という焦りと、もう正社員という立場になるのは無理なのではという諦めの両方の気持ちを常に抱いていた。

子供が産まれてから2カ月が過ぎた頃。

母校の大学の職員の方から「中島君に紹介したい会社があります。一度見学に行ってみたらどうですか？」とメールが来た。

地元の春日井市にある印刷会社だった。僕の実家から車で10分と近いところにある。創業70年。地元春日井市を中心とした、地域に密着した印刷会社だ。

会社見学当日、実際に行ってみたら、4階建ての社屋で大きな会社だった。入り口で受付を済ませて中に入ると、営業部長という男性が迎えてくれた。同級生たちは就職してもう7年目だ。中には出世し役職が就いている友人もいる。だが僕は28歳にして、生まれて初めて部長という肩書を持つ人と話をした。

インクの匂いがする大きな印刷機、パソコンに向き合うデザイン部門、書類作成に追われる事務所、冊子や名刺などを印刷する部署などを見て回った。

一通り見学した後、背の高い白髪頭の初老の男性が部屋に入ってきた。

「君のこと、新聞で見てね。面白い奴がいるんだな、なんて思ってたら、うちの営業部長が大学から紹介されたって聞いてね。どうだい、子供もいるんだろ。うちで働いて奥さんに恩返ししなさい」

社長だった。まさかの形で、夢にまで見た正社員という立場になることができた。

「印刷会社に就職が決まりました。今まで本当にありがとうございました」

厳しい時に手を差し伸べてくれた、日雇い現場の社長に、就職が決まったので辞めることを、御礼と共に真っ先に伝えた。

「そうか寂しくなるな。新しいところでも頑張れよ。また困ったらいつでもうちに戻ってこい」

こっちの社長もあたたかい言葉と共に、送り出してくれた。

2017年11月。朝8時30分。スーツに身を包んだ僕は、緊張で手が震えるのを抑え、全社員の前に立った。

「本日からこちらでお世話になります。中島と申します。右も左もわからないことだらけですが、早く仕事を覚えて、戦力になれるよう頑張ります。ご指導よろしくお願いします！」

拍手を受けながら、僕のサラリーマン生活がはじまった。

第二章　日本で子どもを、育てる

姉一家と共同での子育て

ミカにとって、異国の地・日本での子育ては簡単なことではない。出産は体力と精神力を使うから、日本でも里帰り出産をする人は少なくない。心を許せる人が近くにいて、手助けしてくれれば、心身ともに安定する。ミカの場合、日本にいる唯一の親戚の姉との生活に助けられた。

「お姉さんの家で本当に助かった。食事、洗濯、掃除、全部お姉さんたちがやってくれる。私は赤ちゃんだけ面倒見てれば良いからさ」

３ＬＤＫのアパートに、姉家族５人と僕たち家族が３人。それに加え、姉の子供たちの面倒を見るために来日したミカの母で合計９人。狭いのは勿論、シャワーも順番待ちだ。それでも僕自身、姉家族と一緒に住んでいて助かっていた。

ミカが妊娠時、腹痛を訴え、出血したことがあった。僕は遠方の日雇い現場にいたため、すぐに帰ることができなかったのだが、その時は義兄が車で病院まで連れて行ってくれて、すぐに僕にも症状を教えてくれた。

姉が妊娠していた時は、体調が悪くなれば、僕が車で病院まで連れて行くと話し合っていた。一緒に住んでいれば、緊急時にお互いに助け合える。

姉の子供たちの面倒も見た。小学生の子供の宿題をみたり、小さな子供たちを風呂に入れ、歯磨きをさせて、遊び相手になったりもした。姉の子供たちが産まれた時から一緒に生活しているから、子供たちも僕らに懐いていて、何でも頼ってくれる。姉夫婦が出かけても、僕たちがいれば泣くこともない。

姉夫婦と一緒に住んでいた約5年の間に、僕たちの子を含め3人の子供が生まれた。家の中には常に小さな赤ちゃんがいる状態だった。

ミカが姉の子たちを育てるのを手伝ったように、姉も僕たちの子育てを手伝ってくれた。

少し大きくなった子は、オムツを取ってきてくれたり、赤ん坊が泣いた時に、トントンと優しく叩いてあやしてくれたりする。赤ん坊も、従姉妹であるお姉ちゃんたちが近くにいると「キャッキャ」と喜んでいた。

初めての子育てはわからないことだらけだ。オムツの種類、おしりふき、哺乳瓶、おしゃぶり、抱っこ紐、ベビーカーなど、とにかく揃えなければいけない物が多いのだが、何をどこで買えばいいのかわからない。

ミカは日本語の商品説明を読むのが難しかったし、身近に子供用品のことを気軽に質問できる友人もいなかった。そこでもっぱら、日本での子育ての先輩である姉に色々なことを教えてもらった。

「オムツはこれが良いよ。あそこの店よりあっちのドラッグストアーの方が安い。ポイントカードはちゃんと作るんだよ。服はうちの子供たちのがあるからまだ買わなくて良いよ。子供すぐに大きくなるからね。買うのもったいないから使ってよ」

お下がりのベビー服を貰えるのは助かった。

他にも、僕の友人や姉の友人たちから、使わなくなった子供用品を沢山もらった。新品で買えばかなりの額になるが、「いいの、いいの、もったいないから。もらってくれた方が有難いの」と、服が目一杯つまった大きな袋を貰ったりもした。

「本当にありがたいわ」と僕が言うと、

「そうだね。普通に買ったらめちゃお金かかるよ。助かるね。あなたラッキー。お金少ないから」と痛いところを突かれる。

子供の成長は早い。姉の子らが小さい時に着ていた服を、今は僕たちの子が着る。「この服、昔着てたやつだね。懐かしいね」と姪っ子たちが赤ちゃんだった頃を思い出す様子を見ていると、あっという間に僕たちの子も大きくなるだろうことに気付かされる。

産まれたばかりの僕たちの子は、たくさんの家族に囲まれて育っていった。

フィリピンの母との時間

ミカの姉が次女を出産したのは、僕たちの子が産まれる1年前だった。その子の面倒を見るために、フィリピンから2番目の姉が観光ビザで3カ月間来日した。その姉が帰国すると入れ替わりで、ミカの父と母が来た。

ミカやミカの姉のように、フィリピンパブで働きながら、母国の家族に送金している場合、出産後も早く仕事に復帰せねばならない。しかも、働く時間帯が夜なので、子供の面倒を見てくれる人がどうしても必要になる。産後1カ月程でフィリピンパブの仕事に戻る女性もいる。だから、家事や育児を手伝ってもらう為に、フィリピンから家族を呼ぶ人は多い。

小さい頃からお母さん子だったミカにとって、初めての妊娠、出産の時に、実の母親が近くにいてくれるのは嬉しかったようだ。

出産前は、昼間に母親と散歩するのが日課となっていた。家の近くの川にワタリガニがいる時は「食べられるかな?」と冗談まじりに話しながら眺めたり、神社に行ったり、花壇に咲く花を見たり、軒先にぶどうが生っていたのを見ていたら、そこの家の人が出てきて、ミカが通訳しながら母を交えてお喋りしたりと、久しぶりの親子の時間を楽しんでいた。

フィリピンから家族を呼ぶには、ビザの申請代、飛行機代はもちろんのこと、日本にいる間の生活費、遊びや買い物などの出費も増える。それでも家族と過ごせることは何よりも嬉しい。

ミカの母もコンビニでお菓子を買ってみたり、焼肉や寿司を食べたりと、娘たちに連れられて日本の生活を楽しんでいた。

ミカが入院している間、「お母さんも一緒に病院行きますか?」とタガログ語で誘うと、

「うん！　行きたい！」と嬉しそうに答えた。

一緒に車で病院まで行き、病室に入ると、ミカは母の顔を見て嬉しそうだった。

「子供が生まれる時、お母さんがそばにいてくれて本当に良かった。お母さんも嬉しいと思うよ。だって私の初めての子供でしょ。病院で『無事に産まれてくれて、良かったね。あなたに子供ができるのを、ずっと楽しみにしていたんだよ』って言ってくれたもん」

フィリピンと日本。離れて暮らす2人だから、出産という大事な時に母が側にいてくれたことが、ミカにとって本当に嬉しかったのだ。

退院後も、母がミカと子供の面倒を見てくれた。抱っこの仕方や、オムツの替え方、おっぱいを飲ませた後のゲップさせ方など教えてくれた。

僕もミカの母と一緒に過ごして、フィリピン流の子育てを見られたのが面白かった。子供の体調が悪くなった時には、おでこに糸をつけたり、指を舐めて赤ちゃんの額に十字を書いたり。抱っこされている赤ちゃんの小さな足に、舐めた指で唾をつけたりと、日本では見たことのないおまじないをする。

寝かしつける時も、母はタガログ語の子守唄を歌い、タガログ語で子供たちをあやす。

そんな母の子育ての様子を見て、ミカもフィリピン式の子育てを学んでいった。

日本で寂しそうにしていた母

2017年8月、ミカの母が帰国する時が来た。一緒に来日した父は数カ月前に帰ってしまっていたから、ミカの母は1人で帰国しなければならない。だが、英語どころか文字の読み書きも苦手なミカの母が、自力で飛行機に乗るのは難しかった。誰かがフィリピンまで送っていかなければならない。

出産したばかりのミカが、小さな赤ん坊を連れて飛行機に乗るわけにもいかず、またミカの姉夫婦も仕事があるため、この時まだ日雇い労働の身で、仕事が休みやすかった僕がフィリピンまで送り届けることになった。

中部国際空港出発口。「気をつけて帰ってね。愛してるよ。お母さんのことよろしくね」ミカの姉が母に抱きつき、泣いていた。ミカは赤ん坊がいるので、家で留守番だ。アパートの玄関口で、抱き合いながら別れを惜しんでいた。

ミカの母は泣きながら、手荷物検査、出国審査へと進んだ。その後も飛行機への搭乗、フィリピンへの入国審査、預け荷物の受け取りを僕と一緒に行い、空港の外で待っていた迎えの車と合流した。

車に乗った母は、迎えに来たフィリピンに住む孫たちを見ると、笑顔になり「会いたかったよ」と抱きしめる。孫たちも、おばあちゃんとの再会に大喜びだ。家まで帰る間、「大きくなったね」と、孫の頭をずっと撫でている。

翌日も、外に出て近所の人とお喋りを楽しむ母。近所の人たちも、日本はどうだったか、興味津々で母に質問をしている。家の中にいても聞こえるぐらい大きな声で笑い、楽しそうに話している。

家族全員でショッピングセンターに行くと、ミカと姉が子育てを手伝ってくれたお礼に渡した10万円をフィリピンペソに換金し、みんなに服や食事をプレゼントしていた。どこか誇らしげにショッピングセンターの中を歩く母を見て、日本にいる間、ミカの母はここまでの笑顔を見せていないような気がした。

ミカの母に「また日本に来たい?」と聞くと、「しばらくはいいかな」という。ミカの母も慣れない日本での生活に疲れを感じていたのだ。

日本に来てすぐの頃は、離れて暮らしていた娘ら家族と再会できて嬉しかっただろう。日本の街並み、料理、観光などを楽しんでもいた。だがそれも、はじめの数日から長くても1、2週間のこと。何カ月もいるとなると、単なる観光ではなく、日本での「生活」になる。

長年フィリピンで生活してきたミカの母にとって、言葉の問題はもちろん、夜は静かにする、ゴミを道端にポイ捨てしない等、日常のルールに慣れるのも簡単ではなかった。外に出てもわからないことだらけだから、おのずと家に引きこもりがちになる。コンビニに1人で買い物に行くことも難しかった。

日本にいる孫たちは日本語を話し、ミカや姉も、子供や僕には日本語を使う。家の中で僕たちが日本語で盛り上がっていても、母は言葉がわからず、疎外感を感じていたのだろう。

ミカの母は、娘たちの前では楽しそうな表情を見せていたが、夜1人で寂しそうにしている姿を何度も見かけた。ミカの母が日本で寂しい思いをしているのではないか、とミカに伝えても、

「お母さん、寂しいわけ無いじゃん。だって私たちと一緒に住んでるんだよ」

としか答えない。娘の前では母も気を遣って、楽しそうに振舞っていた。

日本に慣れたフィリピン人にとっての母国

ミカの母とは逆のケースだが、日本に長く住むフィリピン人も、フィリピンへ里帰りした時に、同じような気持ちになると言う。

「フィリピンに行くのは遊びに行く時だけでいい。生活するのはもう無理。ゴミいっぱい、時間守らない、ほんとストレスばっかり。やっぱり日本のほうが良いね。同じフィリピン人でも、フィリピンに住んでる人と日本に住んでる人の考え方は違うね」

10年以上フィリピンに帰っていないという人もいる。日本に長く住んで日本での生活に慣れると、久しぶりに帰ったフィリピンで日本との違いに戸惑うことも多くなってくるのだ。

ミカもフィリピンに帰国した時、銀行やレストランで長時間待たされると、

「本当にむかつくわ。お客さん待たせても全然気にしない。日本に来る前は気にならなかったけど、日本に慣れたら無理！」と怒る。

時間通りに進むことが多い日本の生活に慣れると、時間にルーズなことが多いフィリピンでの生活を不便に感じるようになる。

出稼ぎに来るフィリピン女性の多くは、家族に毎日美味しいご飯を食べさせてあげたい、弟妹を学校へ通わせたい、病気の家族に医療を受けさせたい、車を買いたい、家を買いたい、そんな夢を叶えるために日本に来る。だから日本で数年働き、フィリピンに家を建てたら、戻ってまた家族と一緒に暮らそうと思っている。

だが、一度遠く離れてしまった家族が、再び一緒に住むのは難しいこともある。

ミカも日本に来た当初は、数年働いた後、フィリピンに帰ろうと思っていたが、今では日本で子育てをしている。日本に出稼ぎに行くと決めた時に考えていた、想像していた未来とは全く違う。

ミカのように、日本は出稼ぎ先の国だと思っていたが、気づけば、日本で新たな家庭を持ち、出稼ぎ先から自分が暮らす国となっているフィリピン人は多い。

法務省の在留外国人統計を見ると、今、日本に住んでいるフィリピン国籍者数は約29万1千人だ（2022年6月末現在、出入国在留管理庁HP）。そのうち約22万人が、永住者や永住者の家族、定住者、日本人の配偶者等の在留資格を持っており、統計から見ても、日本に生活の基盤を置く人の数の多さがわかる。

「子供は日本で育てたい。だからずっと日本で住むよ。だって私の家族は日本にいるじゃん。あなたと、子供」

ミカも、日本で新たに家族を作り、暮らす事を選んだフィリピン人の1人だ。

海外への出稼ぎは、国と国との間に経済格差があるからこそ生じる。出稼ぎという言葉を聞けば、一定期間働き、金を稼いで国に戻り、母国の家族と共に幸せに暮らしていると思うかもしれない。

だが現実は違う。

出稼ぎ先の国で新しい人生を歩みだし、母国に戻らないことを選ぶ人も多い。人生は計画通りに行かない。新たな環境に身を置けば、新たな人生が始まるのだ。

フィリピンに帰り、楽しそうに買い物をするミカの母を見て、これも出稼ぎ大国フィリピンが持つ一つの課題なのだと実感した。

オムツにもサイズとタイプがある

2017年11月。印刷会社に就職すると、年内に納品しなければいけない商品や、年賀状などの季節物の商品を扱う部署へと配属が決まった。ちょうど年末の繁忙期を迎えていた。

業界用語、初めて触る機械、忙しく働く先輩たち。部長、課長、係長など、どの役職が上なのかもわからない。まさに右も左もわからない状態でスタートした。

繁忙期は土日も会社は稼働している。僕も週6日の出勤だった。帰りも遅く、夜中の0時過ぎまで仕事をする時もある。

仕事を教えてもらっても、覚えが悪かった。先輩や上司に怒られながら、一つずつメモをして仕事を覚えていった。

帰宅すると、暗い台所で、テーブルに置かれたミカの姉が作ったご飯を食べ、シャワーを浴びて自分たちの部屋に入った。

「毎日遅いね。体、大丈夫か？　無理しないでよ」

ミカが僕を気遣いながら、夜泣きで起きた子供に授乳していた。

子供が大きくなると、夜泣きが酷くなった。おっぱいを飲ませて寝かしつけても、すぐに「ぎゃーぎゃー」と大きな声で泣き、またおっぱいを欲しがる。

ミカも長く寝ることができず、目の下にクマができていた。

「もうフラフラだよ。ずっとおっぱいばかりだから、肩も痛い。あーもう、後でマッサージしてよ」

子供はぷくぷくとよく太り、小柄なミカでは抱っこするのも一苦労だ。

そんな大変な状況で、本来なら僕も子育てを手伝わなければいけないのだが、夜は遅く、土日もどちらかしか休みがない。

早く帰れた日や休みの日も、溜まった取材や執筆の仕事をこなさなければいけない。

子育てはミカとミカの姉に任せっきりだった。

だから、オムツを替えようとしても上手くできず、子供が泣いている時にあやしても泣き止まない。そんな不器用な僕を見て、

「なにやってるの！　もう本当に」とミカが怒る。

オムツを買いに行っても、

「なんでSサイズなの⁉　もうMサイズでしょ。しかもテープタイプじゃなくてパンツタイプってお願いしたじゃん！」と怒られてばかりだ。

そんな頼りない父親をよそに、ミカとミカの姉家族の愛を受け、子供は成長していった。首がすわり、寝返りをうつようになり、お座りもできるようになった。マットレスの上から落ちて大泣きしたり、うつ伏せになったら仰向きに戻れなくなったり、ティッシュを口の中に入れたりと、少しも目を離すことができない。ミカの負担はどんどん増

えて行く。

「あー眠い。ゆっくり寝たい。おっぱいばっかり。お願いだからゆっくり寝かせてよ」

昼夜関係なく赤ん坊は母乳を求め、泣き、動く。ミカは夜も昼もゆっくり寝られなかった。

家族3人での暮らし

年が明けても、3月の年度末に向けて繁忙期は続いた。フィリピンパブに関する取材依頼も来たりして、平日の昼間は会社での仕事、退社後と土日は取材活動にあてていた。当然、家にいる時間が少なくなる。

「少しは家族のために時間作ってよ。全然時間ないじゃん。子供もなつかなくなるよ」

ミカの言うとおり、子供は僕が抱っこしても嫌がるようになっていた。そんな時に
「だから家族のために時間作ってよ！」と釘を刺される。

年度末が終わり、ゴールデンウィークを過ぎて、ようやく仕事が落ち着き、家族の時間が増えてきた。

「お！　顔が変わってきたな。どっちに似てるかな？」と僕が言うと、

「目はパパで、顔の形はママじゃない」とミカが返す。

「大きくなったらパパのこと好きって言ってよ」

「だったら子供に時間作ってあげてよ」とまた痛いところをつかれる。

昼間、ミカは子供たちの面倒を見て、姉が食事を作る。姉の夫と僕は朝から仕事に行き、夕方に帰宅する。

姉家族との生活で、子供も従姉妹たちと姉妹のように過ごした。子供の多い大家族の生活は、子供たちが走り回り、笑い声が聞こえたと思ったら、すぐに泣き声、そしてまた笑い声が聞こえてくる。「一緒に遊ぼうよ」と姉の子供たちと公園に行ったり、散歩をしたりと、僕たちも楽しかった。

だがこれから子供が大きくなり、幼稚園や学校に通うことを考えると、どこで子供を育てるかを考えなければならない。

「そろそろ、自分たちだけで生活しようか」

「そうだね。いつまでもお姉さんの家で面倒見てもらうのもできないしね」

就職して1年になろうとしていた。固定給も貰えるようになり、生活の見通しも立てられるようになった。仕事も少しずつ慣れてきた。

子供も1歳になり歩き始めていた。

そろそろ、自分たちだけでの生活を考える時期が来た。

姉の子供たちに家を出て行くと伝えると、

「いかないでよ。お願いだから、ずっとここにいてよ」と駄々をこね、しがみついてくる。僕らも寂しかった。

ミカは日本に来てからずっと頼ってきた姉の元を離れ、これからは僕と2人で家事と子育てをしなければならない。

「今まで本当にありがとうございました。お世話になりました」

2018年10月、僕たちは姉の家を出て、愛知県春日井市内のアパートに引っ越した。ここから家族3人での生活が始まった。


健康診断に予防接種、医療費無料でも困ること

子供が生まれると、行政から様々な支援が受けられる。乳幼児健診や予防接種、子供の医療費は基本的に全て無料だし、児童手当としてお金まで貰える。

「日本すごいね。子供のために色々やってくれる。本当にありがたい」

ミカはこうした日本の手厚い制度に驚き、喜んでいた。
しかし、素晴らしい支援サービスがあっても、それを知らなければ利用することは出来ない。そうした情報の多くは日本語で書かれている。

「私、漢字読めないから、お願いだから読んでよ」と、役所から届く子育てに関する書類を渡される。

子供に関する書類は僕も初めて見るものばかりだから、何度も読まないと理解できない。

いつ、どこで、何が行われて、何を持っていかなければいけないのか。
日本で生まれ育っていればなんとなく想像できるかもしれないが、フィリピンで生まれ育ったミカにとっては、例えば健康診断を受ける場所が「保健所」とあれば、まず日本の「保健所」というものがどういうものか、ということから理解しなければならない。

書類を僕が読み、口頭でミカに伝えるが、そもそも僕が充分理解しておらず、説明不足になってしまうこともあったし、説明してもミカが理解できなかったりすることもあった。

日本語以外の問題もある。

会場までの移動手段、日本人職員とのやり取り、日本の子育て支援の仕組みの理解など、外国人のミカが1人で子育てをするには難しい事ばかりだ。

当然、日本人の夫である僕がサポートをしなければならないのだが、健診や予防接種は平日に行われることが多く、その度に会社を休む事も出来ない。

それ以外にも、子供が発熱したりすると仕事中に「今日何時に帰ってくる？　子供の熱が高いから病院行きたい」と連絡があったり、朝、会社に行こうとする時に「子供の体調がおかしいから病院行きたい。今日会社休める？」と急に聞かれることもある。

「ちょっとした熱だけで休めないよ」と僕が言うと、

「私のことだったら我慢するけど、子供のことでしょ？　心配じゃないの？」と言われる。

彼女が自分で病院を予約して行くことができれば解決することも、全てサポートしなければならなかった。

異国の地で1人での子育ては無理

「ミカが自分で子育てやれるようにならないと困るよな」と母に愚痴ると、

「私もはじめはミカちゃんが1人でなんでもできるようにならないと困るよって思ったよ。でもミカちゃん連れて行って思ったけど、いろんなことが外国人にとって親切じゃないもん。ミカちゃん1人で子育てなんて無理だよ」

そう言って、僕の母がミカの子育てをサポートしてくれた。

健診や予防接種、子供の体調が悪い時も、パートを早く切り上げて病院に連れて行ってくれる。いつもミカの側にいてくれる母だからこそ、外国人が日本で子育てをする大変さがわかったのだという。

「病院でも先生早口だし。ミカちゃん日本語わからないのに、日本語の問診票渡されて『書いておいてね』しか言われないし。この前なんて、ミカちゃんの順番ずっと抜かされてて私が看護師さんに言って気づいてもらえた。ミカちゃんだけだったらわからないことだらけだよ。そういうの近くで見てたら私がミカちゃん守らないとって気持ちになってきたもん」

ミカは一生懸命子供の症状を話すが、医師には伝わらず、医師が話す言葉もミカには通じない。お互いに認識が違う状態で話が進んでしまう。ミカに赤血球や白血球という日常で使わない単語を言っても、はじめて聞く言葉ばかりでは理解のしようもない。

「お母さんいてほんとに助かった。お母さんいなかったら私なにもできないよ」

ミカはそう言っていた。


新生児健診は、産後しばらくして、保健師が家まで様子を見に来ることになっていた。まだ姉の家に住んでいたのだが、あまりに住んでいる人が多すぎたので、僕の母がミカと子供を車で迎えに行き、僕の実家で保健師の訪問を受けることにした。

実家で待っていると、インターホンが鳴り、玄関に女性の保健師が2人並んでいた。

「何か困ってることありますか？　子育て大変ですか？」と、ミカと赤ちゃんの様子を見ながら親切に聞いてくれた。

ミカが子供の様子、自分の体調や気持ちのことを伝える。

「問題なさそうですね。何かあったらここに電話してくださいね」子育て相談の連絡先が書いてある冊子を渡して帰って行った。

保健師が帰った後、冊子を見ても、日本語で書かれていてミカは読めない。

「読んでって言っても、ミカちゃんこれじゃわからないね」と母が笑いながら言う。

「はい、お母さん。漢字わからないです」と苦笑いしながら答えるミカ。

「大丈夫。私が読んで教えるから」

保健師は親切に対応してくれたが、ミカは日本語で書かれた書類を読むことができない。もし困ったことがあっても、冊子を読んで連絡することは難しかった。

生後2カ月頃から始めなければならない予防接種も、母が小児科に電話をして予約を取ってくれた。前日に僕が予診票を書き、当日は母がミカと子供を連れて行く。

「めちゃ泣いた。びっくりしたみたい。動かないように押さえてるんだけど、本当に私の心も痛かった。痛いよね、ごめんねって」

初めての注射に、痛がる赤ん坊の姿を見て、ミカも心を痛めていた。

だが、何度も予防接種を受けていると、ミカの手際も良くなってきた。診察室に入り、腕を出し、暴れないように抑え、打ち終えると「よしよしよし。頑張ったね」と抱っこをして泣き止ませる。

「また来月注射あるよ。次は1日に4本だって」

終わったと思ったら、またすぐに次の予防接種の日が来る。

「痛いけど頑張れ！　病気にならない為だから、頑張れ」

病院で大泣きしては疲れて寝ている子供に、ミカはこう声をかけていた。

予防接種はＢＣＧ、日本脳炎、ポリオなどの四種混合に、Ｂ型肝炎、Ｈｉｂ感染症、小児用肺炎球菌など、日本人でも子育てしたことがなければ聞きなれないものが多い。それぞれ接種の時期と、次の接種まであけなければならない間隔が決められているから、計画を立てなければ適正時期に接種できなくなってしまう。当日に風邪でもひいていれば、その日は打てなくなるから、またすべてのスケジュールを変更し、以後の予約をしなおさなければならない。こうした管理も、母とミカで話し合って決めていた。


ありがとね。お母さん。


姉家族の家から引っ越し先に選んだ場所も、母からの支援を受けやすい僕の実家の近くにした。僕が仕事でいない日中には、車での送迎、子供に関する相談、買い物に出かけるときに家で子供を見てもらう、など何から何まで母が手伝ってくれた。ここまで母が手伝ってくれると本当に助かる。

「お母さんにこんなに手伝ってもらって大丈夫かな？　なんか恥ずかしいな」

母に助けてもらって有難い気持ちと、ここまでやってもらって申し訳ないという気持

ちがミカにはあった。僕もさすがに母に頼りすぎではと心配していると、

「いいの、いいの。むしろこんなに子育てに参加させてもらってありがたいわ。もし日本人のお嫁さんだったら、そっちの家庭のやり方もあるし、私もここまで口出しできないよ。また子育てができるなんて思わなかった」

母はミカに「ミカちゃん。これはこうだよ」と教える。ミカも「あ、そうなんですか？　わかりました。ありがとね。お母さん」と答える。母も教えたことを素直に受け入れてくれると嬉しいし、ミカも日本の子育ての仕方について母から学べて助かるという。

子供にとってミカは必要不可欠な存在で、ミカがいないとすぐに不安になって泣く。それと同じように、ミカにとって僕の母は、日本で子育てする上で、必要不可欠な存在になっていった。そして、母もミカと一緒に孫を育てるのを楽しんでいる。そうやって2人でコミュニケーションをとりながらミカと母は、僕がいない間、二人三脚で子育てをしていた。

その後の子供の発育、発達を確認する乳幼児健診は、1歳半、3歳にも行われた。

「子育てでいらいらすることはありますか？」

「子供育ててストレス？　ないよ。大変だけど、ストレスは無いよ。毎日、子供見てて楽しい」

　事前に送られてくる予診票を僕が読んで、ミカが答えていく。

　普段の生活で、夫婦で子育ての悩みについて話し合う機会は少ないが、こういう時、ミカがどういうことを考えているかが僕にもわかる。

　健診も母に連れていってもらった。身体測定、歯科検診、視覚検査などを行い、子育てのアドバイスも貰える。母も一緒に話を聞き、ミカが日本語を理解していない時は、ゆっくり簡単な言葉に直して説明する。

「ちょこっと体小さいけど、後は問題ないって。安心した」

　健診の時に、ミカも子育ての相談ができる。「心配ないですよ」と聞くだけで、安心する。

　健診や予防接種以外でも、母はミカと子供をよく外に連れて行ってくれた。

　市の広報紙に書かれている子育てイベントをチェックしては、ミカと子供を誘って連れて行く。絵本の読み聞かせや、子供たちのダンス、体操教室など、楽しそうに遊んでいる動画が僕のスマホにも送られてくる。

家のカレンダーには予防接種や健診、子育てイベントの予定がぎっしりと英語で書かれている。これもミカが読めるようにと、母がスマホで翻訳して書き込んでいた。

「明日はダンスのイベントだね。持ち物はお母さんがLINEしてくれてる。朝迎えに来るから、準備して待たないとね。来週は予防接種。毎週忙しいね」

ミカも事前に予定を把握して準備をしていた。母のおかげで、ミカはこうした子供が無料で利用できる施設に行ったり子育てイベントに参加できた。

周りからは、ミカが母に頼りすぎ、母がミカにお節介を焼きすぎと見えるかもしれないが、お互いに良い距離感のようだし、何より2人とも子供のためにと思ってのことだ。

「子供の為なら何でもやるよ」と、今でも2人とも口を揃えている。

外国人と行政の間の埋まらない溝

「今日来てた外国人の夫婦。どちらも日本語がわからなくて、すごく大変そうだった。職員さんとも会話ができないし、あっちに行ってって言われたところがわからなくて、ずっとウロウロしてたもん」健診の帰りに母が僕にこういう。

母も、家族にミカという存在が加わったことで、周りの外国人たちを気にするようになった。パート先に外国人のお客さんが来ると、ゆっくりと話し、日本語で書いてもらう書類があるときは、日本語の読み書きができるか事前に聞くようになった。

そんな母から見て、行政の子育て支援が、外国人たちに伝わってないように思えるという。

「広報紙に書いてある子育てイベントとか、市の無料で使える施設で、外国人を見たことない」

ミカも母に連れられて参加したイベントの帰りに「外国人私だけだった」とよく言っていた。

僕たちの住む地域にも沢山の外国人が住んでいる。買い物で街中に出かければ、外国人を見ない日の方が少ない。だが、子育てイベントや市の無料子育て施設を利用している外国人は少ない。

素晴らしい支援制度があっても、外国人には情報が行き届いてないのだ。

困ったことがあれば市役所等に相談に行けば、と思うかもしれないが、市役所や行政の窓口は、外国人にとって敷居の高い場所だ。日本語の問題もあるし、市役所の開いている時間や、何をどこで相談すればいいかがわからない、という人もいる。

実際、市役所まで行っても、日本語が通じずに相談ができなかったり、外国人ということで冷たい態度をとられたように感じた経験をしたり、そうされるのではと不安を持つ人もいる。

だから、外国の人たちが困ったときに真っ先に頼るのは、日本に住む同国人の友人や先輩だ。言葉も通じるし、気持ちもわかるから相談しやすい。

タガログ語が少し話せる程度の僕にも、フィリピン人の友人たちからの相談が来る。「家に届いた書類が何か教えて欲しい」「バスに忘れ物をしたからバス会社に電話をして欲しい」「マイナンバーカードを作りに行ったが役所の人と言葉が通じず作れなかったから、役所までついてきて欲しい」「携帯電話の契約をしたいからついてきて欲しい」「腹痛で病院に来たから電話越しに通訳をして欲しい」など、日常生活の色々な所で助けを求められる。

日本語が不自由で日本の生活に慣れていない彼らは、誰かに頼らなければ日本で生活することは難しい。わからないことだらけなのだ。

だが、僕も行政の制度に詳しいわけではない。正しい情報を伝えられているかどうかもわからない。頼られた人の能力によって、その外国人の日本での生活のしやすさが変わってくる。

ミカは僕の母という身近に頼れる人がいたから、子供も日本の手厚い子育て支援サービスの恩恵を受けることができている。

「私、お母さんいなかったら、本当に何にもわからない。子供が可哀そうなことになる」

もし、こうした頼れる人がいなければ、日本での子育ては厳しかっただろう。子供がここまで元気に育つことができたかすらわからない。

会話や読み書きはできて当たり前?

行政側も外国人の存在を無視しているわけではない。行政の職員や外国人支援をしたいという日本人から「外国人の人たちがどんなことで悩んでいるか教えてほしい。どんな支援をすれば喜ぶのかも知りたい」という相談が来ることもある。

外国人住民の増加に合わせ、行政は、無料日本語教室、多言語での就職相談、多言語での案内表示、市役所での通訳、また、同じ地域に住む外国人の出身国を知ってもらおうと、彼ら、彼女らの国の食べ物や文化を紹介したりと、お互いにより住みやすくなるよう努力している。

そうした支援で助かっている外国人住民も多いのだろうが、まだまだ情報が行き届いておらず、日本で苦労しながら生活している外国人も少なくない。また、多くの日本人、行政側も、外国人が日本でどういう生活をして、どういうことで困っているかを知らない。

日本語が苦手なフィリピン人の友人たちに頼まれて通訳をしようとすると「ご本人様、日本語できないんですか？」と聞かれることもある。

僕も妻が外国人で日本語での会話が得意でないこと、読み書きが出来ないことを伝えると、「日本人と結婚していても日本語できないんだ」と驚かれることもある。「日本に住んでいるなら、問題なく日本語は話せるし、読み書きも問題なくできるよね」という認識の人も少なくない。

ミカは、買い物や母との会話などで日常的に使う言葉は話せるが、踏み込んだ話になるとわからないことが多い。漢字を使用した読み書きも、勉強をしたことがないからできない。長く住んでいるだけで日本語ができるようになるわけではない。

ゆっくり簡単な言葉で、スマホも使って

困っている外国人に支援が行き届いていないのは、行政だけの責任ではない。外国人として日本に住むミカはこう言う。

「わからないこと沢山あるけどしょうがないよ。だって私は外人でしょ。日本は自分の国じゃないでしょ。だから私みたいな外人は自分で頑張るしかない。自分で選んで日本に来たんだから」

日本に来たのも、日本で子供を育てるのも自分で選んだ道。だから日本の生活で困っても、国や行政に何かをお願いするのではなく、自分で頑張らなければいけないという。ミカ以外のフィリピン人たちからも「外人は自分で頑張るしかない」と同じような言葉を聞く。

もちろん自分の力で日本語を学び、難しい敬語も使え、漢字でメールのやり取りができる人もいる。日本でビジネスを始めて成功する人もいる。一方、自分の力だけで頑張れない人もいる。特に外国人は、日本語だけでなく、日本の習慣や仕組みの理解、在留

資格など日本人よりもクリアしなければいけない問題が多い。そんな時に助けを求める先が、同国人の友人や先輩だけでなく、行政の窓口も選択肢の一つとして出てくるようにならなければいけない。

日本には今、約296万人（2022年6月末現在、出入国在留管理庁HP）の外国籍の人が住んでいる。日本に外国人が増えだしたのは、昨日今日始まったことではない。何十年も前から、外国人との共生は課題として挙げられている。

ミカにとって一番の支援者である母は英語を話せるわけでもないが、2人はうまくコミュニケーションをとっている。もちろん会話は日本語だ。

「ミカちゃんがわかる言葉でゆっくり話せば伝わるよ、わからない言葉があればスマホで翻訳して見せてあげる。そうすればミカちゃんも言葉覚えられるしね」

外国人を支援するためには、英語や他の言語が話せなければと考えるかもしれない。だが、外国人といっても日本語能力は人それぞれだから、その人が理解できるような日本語を話せばいいのだ。

ゆっくり、簡単な言葉を選び、伝わらなければスマホで調べて見せる。それだけでコミュニケーションの幅は広がる。やがて本人も言葉を覚えていく。

ミカも母に助けてもらいながら子育てをしていくうちに、母に頼らなくてもできることが増えてきた。子供が転んで頭から血を流した時は、血だらけの子供を抱いて走って近くの病院まで行った。わからない言葉は何度も聞き返して、診察も受けられるようになっていた。

予防接種も母が予約をすれば、当日はミカだけで子供を抱っこして行けるようになった。病院での受付や検温も、やり方がわかった。

異国の地での子育てはわからないことが当たり前。そういった認識を持ち、実際に病院まで連れていき、丁寧に教えれば、1人でできることが増えてくる。

外国人がどんなことで困っているかという声を聴くためにも、こうした手取り足取り教えながらの支援は必要だと思う。そうしなければ、お互いにわからないまま生活することになる。

人件費などコストと手間がかかるという意見も出るかもしれないが、外国人の親が育てている子供の多くが、この先、日本で大人になり、将来の日本社会を担う存在になっていくということを忘れてはいけない。また乳幼児健診の会場など必要な場所に1人、そうした手助けをする人がいるだけでもまったく違うだろう。

外国人の親が行政サービスを受けられるかどうかは、子供の生活環境にも影響する。まずは、日本社会の中で1人でも取り残される子供が減るように、外国人の親への子育て支援は急務の課題だと僕は思う。

卒乳

母のサポートを受けながら、家族3人での生活は順調だった。

子供も「こっち、あっち」や「ないないない」と少しずつ喋るようになる。摑まり立ちから、ヨチヨチ歩き、2歳を過ぎる頃には走り回る。家の中はブロックや縫いぐるみで散らかり、少し目を離すと、転んだり、机の角に頭をぶつけたりして大泣きし「何やってるの！！！」とミカが走っていって抱き上げる。

大きくなるにつれて叱られることも増える。スマホを投げたり、ティッシュをぐちゃぐちゃにしたり、食べ物を投げつけてきたり、毎日いろんなことをする。

「何してるの！！！？　それはダメでしょ!!」とミカは日本語で怒鳴る。

「ごめんなさーい!!」と子供は大泣きだ。

そんな怒っているミカを見て笑っていると「あんたも!!」と僕も毎晩ミカに怒られ、大泣きしている子を抱きかかえ「よしよしよし」とその場から離れる。

うちの子は乳離れが遅くて、2歳過ぎても就寝時は母乳をせがんだ。0歳の時から粉ミルクも飲み、大きくなるにつれ離乳食も食べていたが、寝る時は母乳を飲まないと寝なかった。おしゃぶりをしゃぶらせたり、寝る前に哺乳瓶でミルクを飲ませたりしたが、それでも寝ない。

「いつまでおっぱい飲んでるの。今日で最後だよ」とミカは怒りながら、大きくなった子に乳を飲ます。飲ませないとずっとぐずって泣くからだ。

「ごめん、今日こそおっぱい止めさせるから違う部屋で寝て」と言われ、僕は1人、違う部屋に布団を持っていく。それでも聞こえるぐらい子供は泣く。

「ほんとにもう!! 今日で最後だから!!」と言ってミカはしぶしぶおっぱいを飲ませていた。

体は大きいのにいつまでもおっぱいを求める子供に、ミカは疲弊していく。

「もう大きいからおっぱい終わりだよ」と何度も言い聞かせていると、はじめは「おっぱい飲みたい」と泣いてたのが、段々我慢するようになり、哺乳瓶だけで寝て、哺乳瓶が無くても寝るようになった。

「ママのおっぱい、いらない」散々欲しがっていたのに、寝る前にこういう娘。

「ずっと飲みたいばっかりだったのに」とミカが笑いながら答える。

2歳半になりようやく卒乳することができた。

ミカはすっかり母の顔になっていた。

公園はあって当たり前ではない

出会った頃、ミカはフィリピンパブ嬢だった。ヴィトンやコーチといったブランド物の数十万もするバッグを好み、肩からは常に小さなカバンを身につけ、中には財布やスマホ、化粧用品ぐらいしか入っていなかった。指先はきれいにネイルが施され、イヤリングにネックレス、香水もつけていた。

だが、子供が生まれてからは、大きくて荷物がたくさん入るカバンが必須だ。カバンの中にはオムツの替え、おしりふき、粉ミルク、哺乳瓶など子育てに必要なものが常にたくさん入っていた。

「昔は、ヴィトンの鞄とかブランド物が欲しかったけど、今は全然欲しくない。子供の物が一番だな」

平日の日中は子供を連れて、公園に行くから、子供もミカも日焼けをしている。フィリピンパブで働いていた時は、夜の仕事で日に当たることも少なく色白だったが、子供が産まれてからは顔色も顔つきも変わった。

近くのスーパーに顔見知りの店員さんもできた。

「可愛い赤ちゃんだね。男の子？　女の子？」

「あ、女の子です」ミカがぎこちなく答え、外国人だとわかると、ゆっくりと話してくれる。

買い物に行くたびに「あら、今日も来たの？」と声をかけてくれる。

「日本人優しい人多いね」

僕が帰ると嬉しそうに、スーパーの店員さんが話しかけてくれたことを教えてくれる。

少しずつだが、家の周りで話をしてくれる人が増えてきた。顔見知り程度でも知っている人がいると、生活しやすくなる。特に日本に知り合いの少ないミカにとっては、大事なことだった。

僕たちのアパートから実家までは徒歩5分だ。母は、しょっちゅう家に来るようになった。ミカが読めない日本語の書類や、子育てイベント、予防接種の予定を伝えにきているというが、本当は孫可愛さに来ているようだった。

ミカも嫌がるでもなく、母に電話しては、「もしもし、お母さん、今日は家に来ますか？　わかりました。じゃあご飯こっちで食べてくださいね」と、当たり前のように母の分の夕食も作る。

夕食に並ぶのは、焼き魚や、味噌汁などの和食から、鶏肉や豚肉を煮込んだアドボ、酸味の利いたスープのシニガンといったフィリピン料理など幅広い。

「これおいしいね。どうやって作るの？」

「これフィリピン料理ですよ。沢山作ったから家に持って帰ってくださいね」

「ありがとう〜。明日のお弁当にするね」

帰りの遅い僕よりも、ミカと母が過ごす時間の方が長い。

母は家に来ると、子供に絵本を読んであげたり、折り紙を一緒にやったり、塗り絵をしたりと遊んでくれる。子供が「明日イチゴ買ってきてよ」とねだれば、翌日、母はイチゴを持って来てくれる。

ミカは、母に子供の面倒を見てもらっている間、日中できなかった洗い物や、部屋の掃除、洗濯物の取り込みなどの家事を済ませることができる。

また、日本で生まれ育った僕は当たり前のことだと思っても、ミカからすると日本の良さだと思うことが沢山ある。

「日本で子育て出来てありがたいよ。フィリピンと違って安全だし、食べ物も安心。子供の病院もお金かからないでしょ。公園も沢山ある。しかも無料。フィリピンだったら子供を安心して遊ばせるところ少ないよ。どこでもお金かかる」

今、ミカにとって一番大事なのは、子供を安心して育てられるかどうかだ。言葉や制度がわからなくても、安心して子供を育てられればいいと言う。フィリピンに比べれば治安面も衛生面も日本の方が良い。

日本は子供を育てやすいともいう。どの町にも公園があるから、色んな公園を回って、お気に入りを見つけて楽しんでいたりもする。こうした日本の良さは、違う国では当たり前のことではない。

幼稚園入園というハードル

２０２０年４月、第２子も産まれた。上の子は夏には３歳になり、翌年からは幼稚園に上がることになる。同じ年の子を持つ周りの友人たちのＳＮＳには、何箇所も幼稚園の説明会に行き、どこに行こうか迷っているという投稿が多かった。それを見て、僕もそろそろ幼稚園選びをしないといけないな、と思っていた。

アパートのお隣さんにも、同じ年の子がいた。初めは会えば挨拶するぐらいだったが、同じ年ぐらいの子を連れているため、母親同士、自然と話をするようになっていた。

「幼稚園決めました？」買い物帰りの奥さんがミカに話しかけてくれる。

「まだです。家の近くがいいんですけれど」

「もう説明会とか始まってますよ。早く行かないと定員があるので、気をつけてくださいね。分からないことあったらなんでも聞いてくださいね」

そう聞いてミカが僕に、

「ねぇ幼稚園どうするの？　早く決めないとなくなるよ」という。

ミカは仕事をしていないから、保育園に入れるのは難しい。どこの幼稚園に入れればいいかもよく分からず、気付いたら9月末になっていた。家の近くの幼稚園のホームページを見ると、願書の受付が次の日だった。

急いで幼稚園に電話をすると、

「説明会や体験入園に来てないんですか。ちょっと待ってくださいね。枠が一つだけ空いているので、幼稚園にこれから来ていただいて、見学がてら願書をお受け取りくださ い」

と言われた。電話をきるとすぐに、ミカと母に連絡した。母はパートを早めに切り上げ、ミカと子供を連れて幼稚園に行ってくれた。

男性の園長先生が、園内を案内してくれた。通園の方法や、バスでの送迎の説明など、園長先生と母との会話を聞いていても、ミカは何を話しているかわからないことが多かったという。

「私1人だったらできないな」と思いながら聞いていたと、ポツリと呟いていた。

書類もたくさん貰ったが、何の書類なのかは、よくよく読まなければ日本人の僕でもよくわからない。幼稚園の説明書、願書、願書を提出するための案内用紙等、どれを優先的に読まなければならないのか、判断が難しい。母がいなければ、こうした準備もスムーズにはいかなかった。

会社の人からは、「え⁉　明日！！？　ギリギリすぎじゃない？　むしろこんなギリギリによく一枠空いてたよ！　いいから休んで、願書出してらっしゃい」と言ってもらい、翌日、会社を休んでミカと子供を連れ、願書を出しに行った。

幼稚園の敷地に入ると、玄関の外まで、願書を持った保護者と子供たちがずらりと並んでいた。うちの子と同級生になる子供たち。既にママ友がいるお母さんたちは楽しそうに話し、知り合いがいないお母さんは不安そうな顔をしている。勇気を出して「よろしくお願いします」と隣の人に話しかけるお母さんもいた。子供の新生活が始まるとあって、どこか緊張感が漂っている。

ミカはこれから子供に友達ができるのか、自分にもママ友ができるのか、心配しながら並んでいた。やがて、僕たちの順番が回ってきた。

部屋に入ると、園長先生と女性の職員がいた。名前を言うと、リストの一番最後にある我が子の名前を鉛筆でチェックし、

「はい。中島さんね。昨日は見学ありがとうね。幼稚園楽しもうね」といって願書と入

学金を受け取ってくれた。

こうしてドタバタだったが、幸運にも家から徒歩5分の幼稚園に通うことができた。


手さげ袋、靴入れ、給食袋……全部手作り！


2021年3月。入園式を目前に、幼稚園から送られてきた入園準備の冊子を読み、夫婦で準備に追われていた。

「何がいるかちゃんと読んでよ」

とミカに言われて、僕が冊子を広げて持ち物リストを読んでいく。

「ここ読んで無いじゃん。なんて書いてあるの」

僕が読み飛ばしてしまったところをミカに指摘される。こんなときに「じゃあ自分で読んでくれよ」と思う気持ちが出てくるが、ぐっと抑える。口に出してしまうと「読めるんだったら自分で読んでるわ！」と叱られるだけだ。

持ち物全てに名前を記入しなければならない。制服や体操服に記名する位置も決められている。イラストで示された位置を見ながら、「ここであってるかな？」とアイロンで名前シールを貼っていく。

幼稚園で使うコップ、布巾、はし、スプーンも買いに行った。袋類の種類も多く、手さげ袋、靴入れ、下着袋、給食袋がいる。それも全てサイズが決まっている。

冊子を片手に「このサイズのかばん無いな。私はあっち探してくるから、あなたはそっち探しに行ってね」と夫婦で売り場を駆け巡る。給食袋と下着袋は見つけたが、手さげ袋と靴入れが見つからない。店員に聞いても「このサイズは無いですね」との事だった。

鞄の大きさまで指定があり、「これ守らないとダメなの？」と、細かいところまでルールがある日本の幼稚園に僕自身が驚いた。

これから幼稚園、小学校、中学校と上がっていくと子供は、こうした沢山の決められたルールの中で生活をして、大人になってから社会生活を送れるように、ルールを守ることの大事さを学んでいく。こうしたルールを守るのは、子供だけでなく、その保護者にも求められるのだ。

幼稚園に通う子を持つ友人に連絡をすると「家は全部嫁さんが作ったな。他の子供もみんな手作りだよ。まぁ、しょうがないわな」との事だった。

「え？　私が作るの？」

ピッタリのサイズが売っていないものは親が作るということを伝えると、ミカは驚いていた。

母からミシンを借りて、子供の好きな色とキャラクターの生地を買い、子供たちが寝ているうちにと、早朝から作り始めた。

「始めは難しかったけど、慣れてきたら楽しかったよ。また他のも作ろうかな?」

ミカは最初は文句を言っていたものの、完成すると楽しくなったようで、大きいサイズの手さげ袋、小さいサイズの手さげ袋、靴入れをあっという間に完成させた。

「これ持って幼稚園行ってね」とミカが子供に渡す。

「うん! 行く!」と元気よく返事をした娘は嬉しかったのか、おもちゃをいっぱいに詰めて「これも幼稚園持って行って良い?」ときた。

「幼稚園はおもちゃダメなの。向こうにいっぱいおもちゃあるからね」とミカが子供に言い聞かせる。

子供の持ち物全てに2人で名前を書く。名前シールにひらがなで記入していく。はじめは「パパ書いてよ。私のひらがな下手くそじゃん」と言っていたミカが、いざ僕が書いているのを見ると「もっと綺麗にかけないの?」「なんでこんなに汚いの?」「もういいわたしやるわ」と言ってペンを取り上げた。

「もうほんとに。こんな汚い字だったら、子供が可哀想じゃん」といいながらゆっくり丁寧にひらがなで子供の名前を書いている。

家の中での立場はすっかりミカのほうが上だ。子供も、僕の言うことは聞かなくても、ミカの言うことは聞く。毎晩、子供と僕は怒られてばかりいる。

母親の日本語力と子供の語彙力

「今までずっと一緒に居たから離れるの寂しいな」

入園式前夜、布団に横になるとミカが寂しそうにこう言った。産まれてからずっと一緒にいた子供と初めて離れる時間ができるのだ。

「ちゃんとお友達できるかな。私の日本語ぐちゃぐちゃだから、子供も日本語ちゃんと喋れるか心配だな。私の日本語、簡単な言葉しか話せないでしょ。子供の話す日本語も私と同じだよ。簡単な言葉しかわからない。日本語で説明できないこと多いでしょ」

確かに3歳を過ぎても、我が子の語彙は少なかった。公園などで同じぐらいの年の子供が喋っているのを聞くと「そんなに喋れるの⁉」と僕自身が驚いた。

同い年の子を持つ僕の友人の家に遊びに行っても、絵本や平仮名のポスター、子供向けの図鑑があったりする。子供への読み聞かせが、ごく自然に行われていた。ミカは、絵本を読んであげることもなければ、平仮名を教えてあげることもない。ましてや図鑑などは、ミカにとってもわからない単語ばかりだ。

子供の語彙の少なさに、普段接している母親であるミカの日本語力が関係していることは否めない。

こういった子供の言葉の問題も、幼稚園に行くとなって、より一層考えなければならなかった。これから先も、小学校、中学校、高校などの節目節目で色んなことが起きるだろう。

２０２１年４月。入園式の日の朝。空は快晴だった。アパートの前で記念写真を撮る。真新しい、少し大きな制服を着る娘。０歳の下の子供はベビーカーに乗り、スーツを着た僕とミカの４人で、母にスマホで撮影してもらった。

歩いて幼稚園まで向かう道中には、真新しい同じ制服を着た子供たちが歩いている。そんな子供たちを見て「あの子も同じ幼稚園なんだな。うちの子供と仲良くしてくれるといいな」なんて思う。

ミカの手をつないで歩く子供の姿を後ろから見て、これから日本社会の中に飛び込む2人が、少しでも楽しく過ごせるように、祈るような気持ちで幼稚園の門をくぐった。

第三章　フィリピンの家族——終わらない送金

クリスマスは家族で過ごす

日本に住むフィリピン人の多くにとって、母国の家族は一番大事な存在だ。それはミカも同じだった。

スマホのビデオ通話で、頻繁にフィリピンの家族と話をしている。フィリピンと日本。距離は離れていても、画面越しに姿が映っていると、寂しさが和らぐ。ミカと出会った2011年は、まだプリペイド式の携帯で、高い金額を払って国際電話を掛けるしかなかったから、通話は短時間で終えなければならなかった。それから10年以上が過ぎて、スマホが普及し、今ではアプリを使って無料でフィリピンとビデオ通話ができる。遠く離れた家族が気軽に会話ができるようになった。

台所で料理や洗い物をしている時、子供の世話をしている時、掃除をしている時、ご飯を食べている時、何も話す事が無くても、ビデオ通話を繋げたまま、互いの家を映し出している。家族と繋がっているだけで安心できるのだ。

そんな家族想いのミカにとって、フィリピンへの里帰りは楽しみなイベントだ。大量の土産は欠かせない。チョコレート、香水、スニーカー、カップラーメン。土産代だけで何回フィリピンに行く航空券が買えるのか、と思ってしまうことがある。

「お土産買うのをやめて、そのお金でフィリピンに帰る回数増やしたら?」なんて嫌味を込めて言うと、

「お土産買わないと絶対みんな怒るよ。少しだけでもお土産持っていかないと」とミカは、買い物カゴの中に次から次へと土産を入れていく。

試しに一度、土産を買わずにフィリピンに帰省したことがあるが、その時は、家族全員ガックリとした顔をしていた。日本から来たミカと僕を歓迎してくれることもなく、滞在期間中、居心地が悪かった。それからはミカの言う通り、少しでも土産を持っていくようにした。

ミカと結婚したばかりの時は、僕も日雇い労働者の身分だったため、航空券の安い時期を選び、2、3週間と長い間フィリピンに行くことができた。格安航空が増え、日本からフィリピンに行く運賃も安くなっていた頃だ。

だが、僕が就職してからは、年末年始の長期休暇でしか、フィリピンに行くことができなくなった。航空券の値段も高い時期で、我が家の家計には痛い出費となったが、それでも年に一度の楽しみなので、少しでも安く行ける方法を探した。

フィリピン人にとって一番帰省したいのが、クリスマスシーズンだ。日本では恋人同士が一緒に過ごすというイメージが強いが、フィリピンのクリスマスは、家族が揃って過ごす日だ。

クリスマスの時期になると、世界中に出稼ぎに出ているフィリピン人たちが帰ってくる。フィリピンのニュースではこの時期になると、日本のお盆や年末年始と同じ、風物詩的な扱いで、大きな荷物を持った人たちが空港から出てきて、迎えに来ている家族たちと抱き合いながら再会を喜ぶ姿を映し出す。

もちろん航空券は高くなるが「高くてもこの時期はフィリピンに帰りたい」というフィリピン人は多いから、座席はすぐに埋まってしまう。

子供が産まれて初めての年、「私と子供は先に帰るから、あなたは後で来てね。日本に戻るのは1月の最後ね」と、ミカは子供を連れ、僕よりも一足先にフィリピンに帰ってしまった。

就職したばかりの、年末の忙しい時期に会社を休むこともできず、12月31日の朝に空港まで行き、少しでも航空券代を抑えるために、普段なら4時間で行けるところを、韓国経由で乗り継いで、倍以上の時間をかけてフィリピンまで行った。ミカの実家に着いた時には、すぐに年越しの準備となった。

年越しは爆竹とバーベキュー

日本の年越しといえば、暖かい部屋の中で年越しそばを食べながら、家族で紅白を見て、年が明けたら近くの神社にお参りに行く、というのが定番だろうか。

フィリピンは常夏の国。

年越しも半袖半ズボン、サンダルで、ビール片手に家の前でバーベキューが定番だ。露店では、年越しを祝う時に打ち上げる花火や爆竹が売られている。僕たちも、両手いっぱいにロケット花火を買い、年越しに備える。

夜になり、ビール片手にミカの家族や親戚たちと、久しぶりの再会を祝っていると、年越しのカウントダウンが始まり「3、2、1、ハッピーニューイヤー!!」の声と共に、そこら中の家から「ヒュー‼　バン！　バン！」と花火が打ち上げられる。他には何も聞こえなくなるほどの爆音で、周りが煙で真っ白になる。ロケット花火が隣の家の庭に入ろうがお構いなしだ。

年を越すと、家族や親戚が集まりゲームを始める。椅子取りゲームや、ペットボトルを並べてストローを差していくゲーム、スプーンを口に咥えその上にボールを載せて競走するゲームなど、みんな大盛り上がりだ。勝った人には賞金もでる。賞金が高いゲームになるとみんな真剣な表情に変わる。

日本だったら親戚同士が集まってゲームをやるといっても、トランプやＵＮＯ、人生ゲーム、麻雀ぐらいだろうが、フィリピンでは大音量で音楽が流れ、マイクもあり、親戚の中から司会を務める人まで出てくる。みんなお揃いのＴシャツを着て、親戚同士の団結感を出す。

ゲームは盛り上がり、明け方4時まで続いた。

ミカは嬉しそうに「いっぱいゲームに勝ったからお金持ちになった」と20ペソ札（約40円）、50ペソ札（約１００円）、１００ペソ札（約２００円）の束を見せてくれた。

日本とは異なる、フィリピンの年越し。観光で来ただけではなかなか知ることができない、フィリピンに住む人々の普通の暮らしを体験できるのも、ミカと結婚したからだ。

洗礼は一大イベント

「フィリピンに帰ったら、子供の洗礼するからね」

フィリピンは国民の8割がカトリック教徒といわれており、世界でも有数のカトリック教国だ。街中には教会が要所要所にあり、車の中にもロザリオが掛けられていたりする。家の中にも、最後の晩餐の絵画や、キリスト像、マリア像が飾られている。食事の前にお祈りをしたり、車を運転する前に十字を切ったりと、生活の中にもカトリックの影響が強くみられる。

洗礼の日、ミカの実家には、親戚やミカの友人たちが沢山集まった。僕のフィリピン人の友人家族も、車で6時間かけて来てくれた。

友人や親戚たちに挨拶をしながら、僕たちも準備をする。子供に綺麗なドレスを着せて、僕もカッターシャツとスラックスに着替えた。

準備が出来ると、車で5分ほどの所にある教会へ向かう。大きな教会の中に入っていくと、先に洗礼を受けていたグループと入れ違いになった。1月のフィリピンも暑い。

噴き出る汗をタオルで拭き、手で顔を扇ぎながら待つ。

僕たちの順番が来たので、祭壇の前に行った。神父がタガログ語で祈りを捧げ、皆も神妙な面持ちで祈る。子供とミカが前に呼ばれ、ミカが子供を横抱きにすると、神父が祈りを捧げながら、子供の頭に聖水をかけた。これで洗礼は終わりだ。

僕たちの洗礼が終わる頃、次に洗礼を受けるグループが教会に入ってきた。大きな教会では、こうした洗礼式が1日に何組分も行われる。

洗礼式が終わった後、参加者全員で祭壇を背に記念写真を撮った。僕たちの子供だけでなく、ミカの姉の子供たちも一緒に洗礼を受けたから、参加者の数も多く、全部で50人以上はいた。

洗礼を行う時には、「ニノン」、「ニナン」と呼ばれる、子供の代父母になる人を決める。日本では馴染みの無い習慣だが、カトリック教徒の多いフィリピンでは大事な行事だ。ニノンは代父、ゴッドファーザーで、ニナンは代母、ゴッドマザーだ。

ニノン、ニナンになると、その子供の誕生日のお祝いや、場合によっては学費を出す時もあるという。知り合いの日本人男性は、見ず知らずの子供たちにニノンになることをお願いされ、気軽に全員のニノンになったら、毎年すごい数の子供たちに誕生日祝いをあげなければならなくなったという。

ミカも自分がニナンになった子供の誕生日には「私ニナンだからプレゼントあげないと」と言って、金を送ることもある。

子供のニノン（ゴッドファーザー）は僕の友人から、ニナン（ゴッドマザー）はミカの友人にお願いした。

フィリピンの人たちにとって、ニノン、ニナンを選ぶのは重要な行事なのだ。

洗礼を終えると、近くのレストランにみんなで向かった。バイキング形式のパーティールームで盛大なパーティーが始まる。

洗礼を終えた子供たちの名前が書かれたケーキと、「Welcome to the Christian World」と書かれた横断幕が掲げられる。費用は洗礼を受けた子供の親が出し合い、参加者はみんな無料だ。とはいえ、参加してくれた親戚や友人たちからは「おめでとう。これ少ないけど」と祝儀が貰える。

子供の一生に一度の大きなイベントとあって、親も張り切って奮発するから、豪華なパーティーになる。

みんなおいしそうに、好きなものを取り分けては食べていた。主役である娘は、疲れて綺麗なドレスを着たまま寝てしまっている。お腹いっぱい食べ、写真をたくさん撮り、参加してくれた人たちと楽しく話して、パーティーは終わる。

「あー無事に終わってよかった。疲れた」

家に帰るとミカと姉たちがソファに倒れこんだ。朝から来客対応や見送りなどをこなしたため、一日中動き回った疲れがどっと出る。洗礼という一大イベントがこうして終わった。

日本とフィリピン、2つの国にルーツを持つ我が子は、日本では着物を着て七五三を祝い、フィリピンではドレスを着て洗礼を受ける。幼い時から、2つの国の文化に触れながら成長していくのだ。

ピアスを開けるかどうか問題

他にも日本とは異なる、フィリピン流の子供の儀式といえば、女の子には生まれてすぐに耳にピアスを開けること、男の子は男性器包皮の一部を切断する割礼を行う例があることだろうか。

我が家の娘もフィリピンの家族から「いつピアスを開けるの？」と聞かれた。日本で育つフィリピンルーツの子供たちの中にも、生まれてすぐにピアスを開けたり、フィリピンに帰省した時、ピアスや割礼を済ませる子もいる。

フィリピンにルーツを持つ我が子がピアスを開けるかどうか。

これは親として悩むところだった。

「女の子だからピアス開けてあげたいな」ミカは娘にピアスを開けたいという。

「フィリピンの習慣だから開けても良いと思うけど、日本でこれから育てるなら、学校で『なんでピアス開いてるの？』って言われるかもよ」と僕が答える。

日本にも外国にルーツを持つ子供が増え、ピアスを開けている子も多くなった。知り合いの20代の日本人女性は、小学校の時にフィリピンから転校生が来た際「ピアスを付けてますが、お母さんの国の文化なので、みんな理解してね」と先生から説明を受けたという。

僕も小学生の時にブラジルから転校生が来て、学年全員でブラジルの文化や食べ物を調べて発表したりもした。海外にルーツを持つ子供への理解を深めようという取り組みもなされている。

しかし、まだ海外ルーツを持つ子供たちへの理解が浸透しているとは言い難い。子供は自分たちと異なるものには敏感だ。

僕もブラジルからの転校生が、ランドセルを背負わずに手さげかばんを持ち、上履きではなく、ビーチサンダルだった時、クラス中のみんなが「え？　なんでみんなと違うの？」と騒いでいたのを今でも覚えている。ピアスやネックレスをしている子を好奇の目で見る同級生もいた。みんなと違うという理由でいじめられた海外ルーツの子の話も珍しくない。

多様性が大事と言われるようになった今でも、社会が多数と違うものを受け入れていくのは簡単なことではないのだ。特に学校という閉鎖された空間では、同調圧力が働きやすい。

校則でピアスや髪の毛を染めることが禁止されている学校も多いし、海外ルーツに理解がない先生からは、それらが注意されることもある。

今後日本で子供を育てるならば、もしピアスが原因で何かトラブルになった時に、僕たち夫婦はピアスを開けた意味をきちんと話せるのか。そう考えたときに、幼少期には開けずに、子供が大きくなったときに自分で決めればいいと思い、僕たちは開けない選択をした。

「そうか。じゃあ、やめとこうか。子供が大きくなって、自分で開けたくなったら開ければいいし」

ミカもピアスを開けないことに納得してくれた。ピアスを開けるか開けないかの正解はない。これは親の気持ちの問題なのかもしれない。

親戚同士で助け合う

「フィリピンに帰ることがわかると、いっぱい人が来るから内緒にしてよ」

ミカと初めて一緒にフィリピンに帰省した時は、ミカは帰る数週間前から、家族や沢山の親戚、友人と連絡を取っていた。「みんな久しぶりに私に会えるから喜んでくれるよ」と言っていた。

だがフィリピンに帰ると、親戚の中にはミカに会いに来るというよりも、土産や金欲しさだけに尋ねて来る人も多く、「食べ物代が欲しい」や「気持ちだけでいいから少しお金をくれ」、中には「ここまでわざわざ交通費を使って来たんだぞ」とまで言い出す人もいた。ミカもそうした金の無心に嫌気がさし、今ではフィリピンに帰ることを家族や一部の親戚、友人にしか伝えなくなった。

それでも、フィリピンに帰省すると、どこからか聞きつけた親戚たちが家まで来る。「久しぶり！　元気だった⁉」という会話から始まり、次第に「日本のお土産何か無いの⁉」となる。車で出かけようとした時、家に来た親戚が走って車を追いかけてきたこともあるし、出かけても帰ってくるのを家で待っている親戚もいる。そんな親戚たちが帰ると、

「お金欲しいばっかり！」と、ミカは怒っている。

ミカの実家にはミカの家族だけでなく、親戚が居候していることも多い。ミカの従兄弟や、母親の弟とその恋人、さらには、恋人の兄弟まで寝泊りしていることもある。フィリピンに行くたびにその顔ぶれは変わる。

家の掃除や洗濯を手伝ってくれたり、買い物に行ってくれたりと、家事を手伝う代わりに食事を出してもらう。ミカも幼少期は家が貧しかったから、金のある親戚の家の手伝いをして、ご飯を食べさせてもらっていたという。親戚同士で助け合いながら生活しているのだ。

家族の誰かが日本に働きに出ているミカの家族と、家族の誰も外国に働きに出ていない親戚との暮らしの差は歴然としている。ミカたちの家は車があり、姪っ子や甥っ子も私立の学校に通っている。家具や家電も綺麗なものが多い。一方、誰も海外に出ていない親戚の家は、木造で傾いていたりするし、家具やトイレが無い家庭もある。家族が海外に働きに出て行くかどうかで、これだけ生活レベルが変わる。

貧しい生活をしている親戚たちにとって、日本で働くミカが希望の光だと思える、そう実感した出来事があった。

我が子に会いたい

フィリピンに帰ると、必ず顔を合わせる叔父さんがいる。ミカの実家に居候をしている時もあれば、家にいない時もあるが、ミカがフィリピンに帰省した時は、必ず顔を出してくれる。

叔父さんの生活も厳しく、若い頃に脱臼した指を治すことができずに、今でも右手の薬指が伸びた状態になっている。

いつも笑顔で人の良い叔父さんだが、一つだけ悩みを抱えているという。それは、前妻との間に生まれた2人の子供と10年以上会っていないということだ。

フィリピンに帰省する直前、ミカは「叔父さんが子供に会いたいから探してってお願いされた」と話していた。

ミカと姉たちでFacebookで子供の名前を検索すると、すぐに息子が出てきた。

「あなたのお父さんが会いたいって言ってるよ」とメッセージを送ると、

「本当に⁉　会いたい！」とすぐに返事が来た。

ミカにとっていとこになる、その叔父さんの子たちとの記憶はほとんどない。連絡を取り合ったのも初めてだった。

住んでいる場所は、ミカの実家があるパンパンガ州のすぐ隣の州だった。

「隣の州に住んでいるのに、なんで10年も会いに行けなかったの？」と僕がミカに聞くと、「お金ないんだって」と言う。

確かに、叔父さんの生活を見ていると、隣の州に行くバス代を貯めるのも難しいであろう生活だ。

叔父さんの子供たちと再会する日、いつも叔父さんが着ているヨレヨレの服ではなく新品に、靴も新しいスニーカーにした。叔父さんが自分で買う金はないから、僕たちが払った。車に乗り、片道2時間かけて子供たちが住む田舎まで行った。

車内では叔父さんが冗談を言い、笑いが絶えなかった。ドライブスルーで食事をし、道中で子供たちにあげる服やケーキを買う。ちょっとした小旅行のようだった。

久しぶりの再会

終始、楽しそうにしていた叔父さんだが、子供らの家が近づいてくるにつれ、顔が強張り、言葉数も少なくなっていった。

「なんで緊張してるの⁉」ミカが笑いながら訊いた。

「子供たちが怒ってないか心配なんだ」と叔父さんはぼそりという。

子供たちに会えなかったもう一つの理由として、長い間、叔父さんから連絡を取らなかったことに対して怒ってるんじゃないかという不安もあったようだ。

車を道路わきに止めて降りた。木々が生い茂る森の中に続く細い道を進んでいくと、小屋のような家がぽつぽつと立ち並んでいた。

外には小さな子供が走り回っていて、犬や猫、鶏が放し飼いにされている。

歩いていると近所の人たちが叔父さんを見つけては「あんた⁉　何してるの⁉　どこ

に行ってたの⁉　みんな心配してたんだよ」と次々と声を掛けていた。

叔父さんも照れくさそうに「やあ、元気か⁉」なんて言いながら手を振る。

家と家の間を縫うように歩いていくと、小さな傾いた小屋があった。叔父さんの子供たちが住む家だった。

僕たちが着いたことに気が付いた、叔父さんの息子と娘が家の中から出てきた。お互いにぎこちなく、何となく距離感があるが「久しぶりだな。大きくなったな」と叔父さんが子供たちにハグをすると、子供たちも笑顔になった。

叔父さんが別れた時にはまだ小さかった子供たちも、今では背も伸びて、叔父さんと変わらないぐらい大きくなっていた。

家に上がると床は土だった。竹製の椅子が置いてある。壁はコンクリートがむき出しで、窓ガラスは割れていた。家電はテレビと扇風機ぐらいしかない。生活の厳しさがわかる。この家に、叔父さんの子供2人と、叔父さんの元妻の妹、子供たちにとっての叔母さんが、子供たちの面倒をみながら暮らしていた。

椅子に腰かけると、子供たちが、家で唯一の扇風機を僕たちの方に向けてくれた。サリサリと呼ばれる近くのコンビニのような雑貨屋で買ってきた冷たいコーラも出してくれる。フィリピンの田舎に行くと、どこでもこうやって来客に気を遣ってくれる。自分たちが暑くても、お客さんに少しでも快適に過ごしてもらおうとする。

叔父さんと子供たちは、10年間お互いに何をしていたか、話し合っている。すると、娘がタブレットを持ってきて、母親、つまり叔父さんの元妻とビデオ通話を始めた。叔父さんの元妻は今、子供たちを養うために中東のドバイで家政婦として働きに出ている。

「おい。久しぶりだな。帰ってきたぞ。お互いに年を取ったな」

「あなたも年取ったね。元気にしてたの？」

10年のわだかまりが一瞬にして溶けたように、元妻は涙を流している。

近くに住む元妻の親戚たちが、叔父さんが帰ってきたことを聞きつけ、家に集まりだした。僕たちのために、ジュースやビールを沢山持って来てくれる。ミカが悪いからとお金を渡そうとしても、遠い所からきてくれたのだからと、受け取ろうとしない。

久しぶりの親子の再会を邪魔しないように、僕たちは外で出されたビールを飲みながら待っていた。

叔父さんの子供たちが住む家は斜めに傾いており、シャワーは井戸水、トイレも木の板で仕切られているだけで、水洗ではない。

あたりを歩き回る鶏や犬を見ながらビールを飲んでいると、近所の子供たちが、物珍しそうに日本人の僕を見ている。手を振ると照れて逃げてしまったり、手を振り返してくれたり、反応も様々だ。

夕方、叔父さんの子供たちと一緒に、ショッピングモール内にあるレストランで食事をした。食事を終え、外に出るともう真っ暗だ。

「さぁ帰ろうか」と言うと、

「もう少し子供たちと一緒にいたいな」叔父さんがボソッとこぼす。

「泊まっていってもいいよ」と子供たちが叔父さんに声をかける。

そんなやり取りを見て、僕もミカもなんだか感動してしまう。

僕はすぐにポケットからフィリピンペソを出して「これでパーティーでもしてよ。久しぶりの再会なんだし。でも帰ってくるバス代だけは使ったらダメだよ」と渡す。

「ありがとう。ありがとう」と叔父さんが僕の手を握る。

子供に会うという叔父さんの夢を叶えてあげられたのも、ミカが日本に行ったから、といえる。

親子の再会を間近で見て感動しながらも、ミカが自分の家族のみならず、親戚たちからも大きな期待を背負って日本に来ているということに気付かされた。小柄で、目立つのが嫌いで、おとなしいミカだが、僕の想像を絶するほどの大きな期待とプレッシャーを背負っていた。

ローカルなフィリピンの日常生活

ミカの実家への帰省は、海外へ行くとはいえど観光旅行ではないから、綺麗なビーチがあるリゾート地のホテルでのんびりしたり、名所旧跡をまわったりはしない。ミカの家族が普段生活をしている「日常」の中に入っていく。

首都マニラから車で2時間ほど離れたところにあるミカの実家の近くには、地元の人向けのスーパーや大型ショッピングモール、レストランなどが立ち並んでいる。

週末には親戚やミカの友人たちが来ては、昼間から酒を飲む。

フィリピン流の酒の飲み方はこんな感じだ。まず、近所の売店でケース買いした瓶ビールを、氷の入ったピッチャーに注ぐ。テーブルの上に氷の入ったグラスを一つ置き、それを囲むように大人たちが座る。グラスにビールを注ぎ、それを一気に飲む。飲み終えると、隣の人に「次はお前の番」とグラスを回していく。

上半身裸の男たちがタガログ語で盛り上がる。初めは僕に気を遣ってゆっくり簡単なタガログ語で話してくれるが、酔いが回り始めると早口になり、何を言っているのかわからなくなる。僕も酔っ払い「何を言ってるかわからないけど、楽しいからまぁいいや」となってしまう。

初めて会った人同士でもすぐに仲良くなる。外国人の僕に対しても同様だ。ビールがなくなると、皆がポケットからなけなしの金を集めて、またビールをケースで買ってくる。そんなことを夜まで続ける。

「お前いいやつだ！　ミカはいい旦那を捕まえた！」とか、「今度一緒に川にいこう！金のことは心配するな」とか調子のいいことを言うが、次に会うと「そんなこと言ったっけ？」という顔をしたりもする。

飲み足りない大人たちは、近所にあるバンドバーに行くこともある。外国人観光客向けではない、地元の人しか行かないようなバンドバーだ。そこでもビールを飲み、バンドの生演奏を聞いたり、歌が好きな叔父さんが歌を披露したりと、楽しい時間を過ごす。そうして、夜中、寝静まっている家にこっそりと帰り、それぞれの寝床につく。ローカルなフィリピンの楽しい日常だ。

だが、当然、そんな楽しい日々ばかりではない。

久しぶりの里帰りも、帰って2日ぐらいは、こちらも土産を配ったり、逆に豪華な食事を出してもらったり、家族みなでレストランに食べに行ったりするが、数日もすると普段の日常に戻る。

平日、甥っ子たちは学校に行き、仕事がある大人は仕事に行く。家に残ったミカの母や姉たちは、朝食のパンとウインナー、目玉焼きを食べ、コーヒーを飲みながら、テラスでお喋りをする。

外から、アイスクリームや、豆腐、タピオカを入れて上から黒蜜をかけたタホという甘味を売り歩く人の声が聞こえる。近くのサリサリに行き、ジュースやお菓子、アイスを買って食べることもある。

昼ご飯は、ミカの母が、ティラピアや雷魚の丸揚げを作ってくれる。仕事がない居候をしている親戚たちは、家の掃除や買い出しを手伝い、午後からはリビングでDVDを見たり、昼寝をしたりする。

僕は1人で近くを散歩しながら、路上で売られているフィッシュボールやフィリピン風の串焼きを買って食べたり、バスケットボールコートでバスケをしたり、やっぱり昼寝をしたりと、のんびりと過ごす。

夕方、学校から子供たちが帰ってきて、仕事に出ていた大人たちも帰宅する。テーブルにはアドボ、シシッグといったフィリピン料理が並び、お茶代わりにコーラを飲みながら夕ご飯になる。

そしてテラスで夜風を浴びながら、近くの露店で買ったアヒルの孵化直前の卵、バロットをつまみに、瓶ビールを飲んでシャワーを浴びて寝る。

そんな生活も3日続くと飽きてしまい、「せっかくフィリピンに来たんだしどこか行こうよ」とミカに言っても、

「暑いから後で」と返ってくる。

「後でって何時？」

「昼過ぎ」

となり、

「もう昼だよ」

「もうちょっと」

「後どれぐらい」

「1時間ぐらい」

そういいながら、もう夕方だ。そして結局出かけるのは、車で20分ほどのショッピングモールで買い物をするだけ。何事も無く1日が終わっていく。

僕にとっては海外だが、ミカにとっては実家なのだ。ゆっくりしたい気持ちもわかる。だが何日も家の中にいると、こっちも飽きてしまう。せいぜい週末に、ミカの父親が車で、近くの観光地や大きなプールに、子供たちと一緒に連れて行ってくれたことがあるぐらいだ。

「綺麗なビーチもカジノも行けなかったな」と最終日に愚痴ると、

「残念だったな!! あと何日かフィリピンにいてくれたら連れてってあげたのに」とミカの家族たちに言われるが、いまだに連れて行ってもらったことはない。

外国人になって気付くこと

こうして観光ではなく、フィリピンの日常の暮らしの中に入っていくと、色々と気づかされることがある。

当然のことだが、フィリピンでは日本人の僕は「外国人」になる。大学生の頃から何度もフィリピンに行っているから、片言程度だがタガログ語も話せる。タクシーや、高速バスでの移動、レストランでの注文など、できることも増えた。

それでもフィリピンで生活をする能力があるかと言われたら、ない。ミカと帰省をしていると、「外国人」として暮らす大変さがわかる。

ミカの住むパンパンガ州で話されているのはパンパンガ語で、タガログ語とは異なる言語だ。フィリピンには180以上の言語があるといわれている。それも、関西弁や熊本弁などといった方言レベルではなく、まったく異なる言葉なのだ。違う地域の人同士は、それぞれの地域の言語では話が通じないので、共通言語としてタガログ語を使用する。

ミカの地元に行くと、市場や乗り合いバス、家族間の会話はパンパンガ語が使用され、何を話しているのか、僕にはまったくわからない。

どこで日用品の買い物をすればいいのか、体調が悪くなった時は、どうやって病院に行ったり、どこで薬を買えばいいのか、行きたい場所まで行くために、町中を走る乗り合いバスにどうやって乗ればいいいか、案内表示には何と書いてあるのか、そうしたすべてがわからないから、そういう時に僕が頼れるのはミカだけだ。

外国人が多いマニラと違い、ミカの家の近くでは外国人を見ることが少ない。マニラでは、僕が外国人とわかると英語で話してくれたり、僕が少しだけタガログ語が話せるとわかると、「タガログ語話せるの⁉ すごい！」と言って、ゆっくりとしたタガログ語で話してくれる人もいる。

しかし、ミカの地元では違う。市場に行ったり乗り合いバスに乗ったりしても、パンパンガ語で話しかけられたり、「アニョハセヨ」と声をかけられたり、ひどい時には指をさされたり、「中国人あっちに行け」と言われることもある。

生活の仕方、言語、周りからの見られ方など、日本にいる時とはすべてが変わる。こうした、フィリピンで外国人として困ったことがある度に、ミカの日本での日々の苦労が身に染みてわかる。どこで買い物をすればいいのか、病院はどこにあって、どうやって予約をすればいいのか、日本語で書かれている案内板や書類をどうやって読んで理解すればいいのか、僕が数週間いるだけで、外国人として暮らすのは大変だな、という悩みを、彼女は日々感じているのだ。そして、今は子育てまでこなしている。

日本ではミカが僕に日常の様々な面で頼るが、国が変われば反対に僕が彼女に頼るしかない。

フィリピンへの里帰りは、ミカにとっては久しぶりに家族に会い、ゆっくりとした時間が過ごせる時であり、僕にとっては、日本で「外国人」として暮らすミカの大変さを身をもって知ることができるいい機会なのだ。

月10万円以上＋医療費、学費……終わらない送金

ミカとの結婚生活の中で、僕にとっての一番の問題は、フィリピンへの送金にまつわる問題だ。

ミカが日本に来た理由は、フィリピンの家族を経済的に支援するため。出会った時は、ミカは月6万円しか給料がなかったにもかかわらず、毎月その半分の3万円を送金していた。マネージャーとの契約を終えてフリーとなり、毎月何十万と稼げるようになると、送金額は増えていき、月に10万円以上送金するようになった。

結婚すれば少しは送金について考えてくれるのでは、と淡い期待を抱いたこともあったが、むしろ金額は増えていった。

「いつまでフィリピンに送金するの？」

「私が仕事してる間はお金送るよ。フィリピンの家族助けたいもん」

結婚したばかりの頃は、僕も定職に就いておらず、ミカの姉の家に居候し、ミカの収入に頼って生活していた。だから送金に対しても特に不満を言うことはできなかった。

だが、フィリピンの家族の生活費、病気をしたら医療費、学校が始まる時期になると学費に加え、急な出費もすべて日本から送らなければならない。この先いつまで送金が続くか不安になる。


フィリピンは国民の1割が出稼ぎ労働者として海外に出ている、出稼ぎ大国だ。フィリピンの国際空港には、海外出稼ぎ労働者専用口がある。その数の多さが窺い知れる。また、こうした専用口を作る以外にも、海外雇用庁や海外労働者福祉局があり、国として海外出稼ぎ労働者に対して、様々な支援を行っている。いわば国をあげて、海外出稼ぎを推奨しているのだ。

海外からの送金は、国のGDPの実に1割程度に当たる。ショッピングモールには、送金会社が何社も入っているし、街中にも外貨両替所が至る所にある。

こうした海外からの送金で生活が成り立っているフィリピンの家族は多い。

頭では国同士の経済格差、フィリピンの海外出稼ぎの仕組みや、海外送金によりフィリピンという国の経済や家族が支えられているということは理解できる。日本に出稼ぎに来たミカと結婚するということは、自分もこうした仕組みの中に組み込まれるということも理解していたつもりだった。

それでも、実際に毎月の定期的な送金や、臨時送金として大きな金額をフィリピンに送るのを間近で見ると、頭ではなく感情の部分で「大変だな」と思ってしまう。日本に来るために、マネージャーとの間で結んだ契約は、奴隷契約といえど、切れれば自由の身となれる。だが、フィリピンの家族への送金は終わらない。いつまで毎月大金を送り続けなければならないのかわからない。

ミカがフィリピンパブ勤めを終え、妊娠、出産し、姉の家を出た後も、毎月、少額でも生活の足しになればと送金は続いていた。僕だけの稼ぎの中から、家賃、光熱費、食費などを払い、残った僅かな金の中からフィリピンへ送金する。

正直、日本での生活は楽ではない。それでもフィリピンからは、「お金を送ってくれ」という連絡が頻繁に来る。生活費としての定期送金以外にも、病院代はもちろん、ビジネスで急に資金が必要になった、車のローンを払ってくれなど、そういった金の無心にも対応しなければならない。ミカが働いていない今、その金を出すのは僕だ。

「明日お母さんの誕生日だから、1万円送るからね。お金ちょうだいよ」と、仕事から帰ってきてまず聞くのが、フィリピンへの送金話という時は、さすがにガクッと力が抜ける。

いい加減、断ってくれよ

フィリピンの親戚からは、電話やメッセンジャーで「食べるものがないから食費を送ってくれ」「病気だから薬代をくれ」と何度も連絡が来る。家族には送金をしろと言うミカだが、親戚からの要望に関しては、「全部無視して。お金ちょうだいしか言わないから」と言う。

ミカの携帯には、未読メッセージと、出なかった着信履歴の山が残されている。ミカに連絡がつかない親戚たちが、夫の僕に連絡をしてくる。僕もやりとりするうちに、すぐに「お金を送ってほしい」というお願いに変わるのに疲れ果てて、返信をしなくなった。

「日本はお金持ちの国だと思ってるからね」とミカは言う。

今は確かに、フィリピンに比べれば日本の方が経済的に豊かだ。フィリピンでは、僕が日本人と分かると「私も日本に行きたい」といってくる人は多いし、実際に日本で働くことを目指している友人もいる。

だが実際は、いくらでも送金をできるほど豊かな生活ではない。サラリーマンとして貰える給料は額面上の金額から厚生年金、健康保険、住民税など、かなりの額が引かれるから、手取りにすると驚くほど少なくなる。そこから、生活費を捻出するのだから、正直、余裕はない。

90年代に興行ビザで来日し、その後日本でシングルマザーとして3人の子供たちを育てたあるフィリピン女性はこういう。

「日本はお金持ちの国だと思った。昔はいっぱい稼いだこともあった。でも自分で生活してみると大変。毎月、家賃、ガス、水道、保険、子供の学費。そんなん払ったらお金ない。日本で何のために仕事をするか。それはお金持ちになるためじゃない。支払いをするため。でもフィリピンにいる家族はそのことをわからない。だからずっとお金ちょうだいばかり言う。こっちの生活のことなんてわからないし、考えない」

日本に対して、金持ちの国というイメージしか持たないフィリピンの家族や親戚たち。

ミカも、遠く離れた家族を心配させたくないから、大変な部分は見せようとしない。フィリピンに帰る時は大量の土産を持参し、家族に小遣いをあげ、日本で「成功」しているようにみせる。だから家族からの急な金の無心にも、何としてでも応えようとする。

当然、我が家の夫婦喧嘩の原因の多くは、フィリピンへの送金についてだ。

僅かばかりの貯金ができても、フィリピンの家族からの要請で送らなければいけない時もある。

「いい加減、断ってくれよ。日本での生活もあるんだよ」

「私も頑張ってるじゃん。ずっと自分の欲しいもの買ってないよ。全部ご飯と子供のため、私の分は何もいらない。だから少しはフィリピンに送ってあげてよ」

「こんなんじゃいつまでたってもお金なんて貯まらない！　子供が大きくなってからもっとお金かかる！」

「わかってる！　今だけだから！　フィリピンにお金送るのも！」

「今すぐ止めて！」

と、大喧嘩になる。

フィリピンへの送金は、出稼ぎで来日したフィリピン女性と結婚すると、必ず直面する大きな問題だ。
「フィリピンの家族を支えられる範囲で送る」という人もいれば、「フィリピンには送らせない」や「フィリピンに送る分は奥さんが稼いだ中から送る」など、いろいろな意見を聞く。どれが正しくてどれが間違っていると言いづらいのは、その家庭のことだからだ。

我が家の場合、フィリピンへの送金をどこまで許すか、明確な数字やルールを決めることもできず、いまだに夫婦で意見が分かれている。結局、ミカに金を渡してしまったものの、僕が腹を立てて1人で部屋に籠ったり、しばらく互いに口を利かなくなることもある。

それでも、送金に一番悩んでいるのはミカだということも、近くで見ていてわかる。普段から自分の欲しいものは我慢し、服もカバンも何年も同じものを使っている。少しでも安い、半額になっている商品を買ったり、毎月の食費を計算しながら買い物をしている。ミカは普段は家計を気遣いながら、慎ましい生活をしている。

「頭痛いわ、ほんとに。お金ばかり」

相変わらずのフィリピンからの送金の要請に、ミカはしばしば頭を抱える。「食べ物がなくなった」「電気代が払えない」「歯が痛いから歯医者に行きたい」、困ったことがあれば、全てミカに連絡が来る。ミカも何とかして送金をするが、どうしても無理な場合は「今はお金ないから送れないよ」と言うと、

「じゃあ、誰が家族の面倒を見るの⁉　家族大事じゃないの⁉　見捨てるの⁉」

と、責められる。

ミカはため息をつき「何とかするから待ってて」とだけ言う。

フィリピンパブで働いていた時、収入が少ない月は客からプレゼントしてもらった金のブレスレットを質屋に入れ、送金したこともあった。

そうした苦労を間近で見てきたからこそ、「ひどいな、今までミカが頑張ってお金送ってたのに。何にも苦労知らないんだな」と声をかけた。

「昔の方が楽しかったな。お金なかったけどみんな仲良かった。今は皆お金が欲しいだけ。なんか寂しい」

少なくとも昔は、皆がミカに金の無心をすることはなかっただろう。だが今は「久しぶり、元気にしてる？」の次の言葉は「お金を送ってほしい」だ。

「家族が大事じゃないの?」と言うフィリピンの家族は、日本にいるミカを大事にしているといえるのだろうか。

ミカは、「送金をするな」という僕からのプレッシャーと、「送金しろ」というフィリピン家族からのプレッシャーの狭間で、悩み続けている。

そして送金をめぐる最大の喧嘩は、夫婦間におさまらないものとなった。

毎月20万円以上の送金

ミカが妊娠をしたのを機に、僕たち夫婦は今後の生活について真剣に考えるようになった。

僕は毎日、日雇いに出るようになり、ミカはお腹が大きくなるまでフィリピンパブで働いていた。僕は生活費を稼ぎ、ミカは産まれてくる子供のために少しでも金をためようと働いていたが、お腹がだんだんと目立つようになり、フィリピンパブの仕事を辞めた。

この時から、僕の収入だけで生活するようになった。ミカに、いくら貯金できたかきいてみた。

「お金全部フィリピンに送っちゃった」

貯金は、なかった。稼いだ金の大半は、フィリピンに送金をしていたという。

「え⁉　なんでそんなに送ったの⁉」

「しょうがないじゃん。フィリピンの家族大変なんだもん」

僕がミカから聞いていた毎月の送金額は10万円だった。だが、実際は毎月20万円以上フィリピンに送金していた。

日本といえど、月に20万円を稼ぐのは、簡単なことではない。それを丸ごとフィリピンに送っていたのだ。今まではミカが稼いだ給料から送っていたから何も言わなかったし、詳しくも聞かなかった。だがこれからは違う。僕たち2人だけではなく、子供も育てていかなければならない。

「いつまでもこんなに送金はできないよ。何のためにフィリピンパブで働いてたの？　子供のためじゃないの？　どっちの家族が大事なの？」

「もうわかったから」

送金額の大きさと、まったく貯金していなかったことに驚き、互いに大きな声を出してしまった。

この時は、まだミカの姉の家での居候生活中だったから、ミカの姉と母に送金でもめているのを聞かれてしまった。ミカのお腹もだいぶ大きくなってきていた。

突き飛ばされた妊婦

2017年3月のある日、僕は日雇いの仕事で現場に出ていた。仕事が予定よりも早く終わり、ハイエースで会社まで帰っている途中、「助けて！」と、ミカからLINEが入った。

「どうした？」と聞くと、

「お姉さんと、お母さんが怒ってる。家にいられない」

会社に着くと、「すみません。妻が緊急なので、片付けせずに帰らせてください」と言い残し、急いでミカの所に向かった。

アパートの近くの喫茶店に行くと、ミカはパジャマ姿で、涙を流しながら俯いて座っている。テーブルの上には、アイスコーヒーが1杯置かれていたが、口をつけていなかった。氷がとけて水になっていて、アイスコーヒーと分離していた。1時間近く1人で待っていたという。

「大丈夫か？　外に行こう」とミカの手を取って車に乗り、僕の実家へと向かった。話を聞いていると、

「あなたのせい」という。

ミカがパジャマ姿で部屋でくつろいでいる時、姉と母に呼び出され、僕がフィリピンへの送金に否定的だったことをなじられ、「あんな旦那となんで結婚した？」「別れたら」などと言われたという。

ミカも腹が立って強く言い返すと、激高した姉がミカを突き飛ばした。

ミカは急いでベランダに逃げ、扉を開けられないように抑えた。姉は怒って、ミカをベランダから部屋の中へ戻そうとするが、母が姉を抑えている間に、ミカは急いで外に出たのだという。

妊娠中のミカを突き飛ばすなんて。

パジャマ姿でまだ寒い中、外で震えていたミカを思うと、腸が煮えくり返る思いがした。「もうそんな家族捨てちまえ!!」僕は実家に向かうまでの車の中、大きな声で怒りをぶつけた。

ミカはしばらく僕の実家で過ごすことになった。僕も実家から仕事に行くことにした。僕が仕事から帰ると、ミカは寂しそうにベッドの上で横になっていたが、「もうお姉さんの家には戻らない」とその怒りは収まってはおらず、ミカの母から電話がかかってきても、「もう帰らないから」としか答えなかった。

それでも、毎日「帰っておいで、悪かった。また家族仲良くしよう」と泣きながら母から電話がかかってくる。だが、ミカは「嫌だ。もう無理」と言っていた。ミカは相当なストレスを抱えて、一日中ベッドの上で過ごしていた。毎日の母からの「家族がバラバラになって悲しい。戻ってきてほしい」という泣きながらの電話に、だんだんとミカも同情心を見せるようになった。

「お母さん心配だな。電話でもずっと泣いてる」

ミカの顔は日に日に元気がなくなる。お腹の中にいる子供も心配だ。

「お姉さんとお母さんと、話し合いに行く」

仕事を終えた夜、ミカを車に乗せ、姉の家に帰った。アパートに着くと、母がミカを泣きながら抱きしめた。奥の部屋には、ミカの姉が後ろを向いて座っていた。

ミカが奥の部屋に行くと、姉が「ごめんね」と泣きながらミカを抱きしめる。お互いに泣きながら話し合った。家族は再び元に戻った。

「ごめんね。あなたのことは大事な家族だからね。信じてね」姉は僕にも謝った。

僕もミカの姉を傷つけたのではないかとも思った。

貧しい生活の家族を助けようと、単身日本に来たミカの姉は、日本に来てから何年もフィリピンに帰らず、家族のために送金を続けた。トイレもなかった家にトイレが付き、ミカたち姉妹は大学まで進学し、高級住宅街に家まで買った。姉は日本に来てから、自分のことよりもフィリピンの家族のことを優先した。

家族を支え続けた姉にとって、送金は単に数字の上でのことではなく、彼女自身の誇りでもあった。僕の「送金を止めろ」という言葉は、そんな姉の気持ち、誇りをも否定するものに聞こえただろう。

ミカやミカの姉の、家族を助けたいという想いに、日本で不自由なく育った僕は寄り添えていなかった。

送ってもらって当たり前になる

送金で揉めるのはミカの家族だけではない。日本に出稼ぎに来たフィリピン女性の多くが似たような経験をしている。

家族を助けるために日本に来たフィリピン女性の中には、水商売が初めてどころか、人生で初めて仕事をしたという人も少なくない。日本語も、接客の仕方も、何もかもわからない中から、一つ一つ仕事を覚える。初めは給料も少ないから、フィリピンに送れる額も少額だ。だが、フィリピンの家族を助けたい一心で、節約しながら送金をする。

家族と離れ、1人で家族のために働く。フィリピンにいる家族は、はじめは少額でも彼女たちに感謝する。

日本で働く彼女らを気遣い「無理しなくていいよ」「体気をつけてよ」「早く会いたいよ」と言葉をかける。本心から、そう思うのだ。

それが毎月送金を受けるようになると、お金を送ってもらうのが当たり前になる。

「私もお姉さんからお金を送ってもらっていたから、フィリピンの家族の気持ちがわかる。初めはありがたいなと思うんだけど、だんだん、送ってもらえなかったら『家族』はどうやって生活するの？　って思うようになる」

ミカも姉の送金で生活していた時期があったから、受け取る側の気持ちもわかる。

やがて仕事にも慣れ、チップをもらえるようになり、マネージャーとの契約が終わり、フリーとして働けるようになると、送金額も大きくなる。

送金の使い道も、電気代、水道代、食費と必要経費だったのが、生活水準が上がるにつれ、車のローンや大学の学費へと変わってくる。

毎月大きな額を送ってくれる日本で働く娘は、さぞ日本で成功しているのだろう、とフィリピン側の家族は思うようになる。

だが実際は、マネージャーと契約がある間は、売り上げノルマとペナルティーのプレッシャーに耐え、客からのセクハラにも耐え、ストーカーにあうなど時にはトラウマになるほど嫌な経験をすることだってある。だが、遠くにいる家族を心配させたくないから、日本での辛い話は一切せず、「元気だよ。給料入ったらお金送るからね」と元気にふるまう。弱音は吐かない。

フィリピンの家族は、日本に出ている娘が大成功していると思い、どれだけでも金を送ってもらえると勘違いしだす。悪い面に思いが及ばず、良い面しか見えなくなってきてしまうのだ。そして、いつしか、その生活が当たり前になり、送金も当たり前になってしまう。

家族の中で、フィリピンで送金を受け取る側と、海外からお金を送る側という役割が出来上がる。こうして一度出来上がった役割は、なかなか変えることができない。

自分の生活よりも家族を優先にして懸命に貯めた金で、家や土地を買おうと計画を立てるフィリピン女性も多い。だが、信じていた家族が金を使い込んでしまったという話もよく聞く。

まだ日本にバブル景気の残り香が漂っていた1990年代前半頃までは、チップやドリンクバックなどで、月100万円近く稼いでいたフィリピンパブ嬢もたくさんいた。そんな毎月の稼ぎのほとんどをフィリピンに送金し、自分は何年も帰らず、

「お金もう貯まったな。フィリピンで家建ててもう働かなくても暮らせるな、って思ったら、1円も残ってない。聞いたら全部使っちゃったって」

そんなウソのような話を、80年代、90年代に来日したフィリピン女性たちからは頻繁に聞く。そして、フィリピンの家族との関係も変わっていく。

「家族はお金のことしか考えなくなっちゃったね」

皮肉なことに家族のために頑張って働き、送金したことにより、家族の関係が悪くなることもあるのだ。

大金が入るようになり、家族が崩壊していく。これも送金に頼って生活している家族

が多いフィリピンの課題なのは間違いない。

お金をねだらなかった叔父さんの死

フィリピンの高級住宅街にある2階建てのミカの実家は、エアコン、ソファ、テレビ、オーディオなどが揃い、メイドもいて、大きなSUV車まである。これらは全てミカとミカの姉が日本で稼いだ金で買ったものだ。

日本から見ても羨むような生活をしているフィリピンの家族だが、親戚たちの多くは貧しい生活をしている。

仕事がなく平日昼間から寝転んでいる叔父さんもいる。日本で毎日忙しく仕事をしている身からすれば羨ましいかもしれないが、金も仕事もなく、毎日やる事がないというのは辛そうだ。行きたい所にも行けず、食べたいものも食べられない。金を持っているミカの家族のような親戚の家に居候をするしかないが、居候先の家族たちの視線も決してあたたかいものではないから、気を遣いながら、家の掃除をしたり、買い出しに行ったり、残りものを食べたりするのだ。

フィリピンに帰省するときに出会うそうした居候の親戚も、家に訪ねてきて「お金頂戴」と言う親戚も、表情の奥にはどこか後ろめたい気持ちがあるようだった。

「お金頂戴言うの恥ずかしいよ。本当は言いたくない。でも本当にお金がない。だから悔しいけどそうするしかない」

ミカも昔は親戚の家に居候生活をしていたから、親戚たちの気持ちがわかると言う。


そして、貧しさは命に関わる。

「どうしよう。叔父さん（子どもと再会した叔父とは別の叔父）が倒れたって。今、病院にいるみたい。従妹から連絡があった」

ある日、家に帰ったら目をパンパンに腫らしたミカが、泣きながらスマホの写真を見せてくれた。つい数カ月前、ミカとフィリピンに帰省した時に会った叔父さんが、酸素ボンベをつけて病院のベッドに寝ている。

「昨日の夜、すごい頭が痛いって言って、病院に行って先生待ってる間に倒れた」

ミカが僕に説明している間に、叔父さんの子供からミカにビデオ通話がかかってきた。

「叔父さんの容態はどう？　危ないのね。日本からもお祈りしてる。お姉さんと話してお金送るからね」

叔父さんの奥さんは子供の隣で心配そうに座っている。姉と話し合い、いくらか我が家からも金を出すことにした。

「ごめん。叔父さんの病院のお金少しもらってもいい?」

この時ばかりは、さすがに嫌とも言えない。

倒れた叔父さんは控え目で、「お金を頂戴」とも言わず、ミカの方から少しだけ金を渡すと、「ありがとう」と喜ぶような人だった。奥さんとも仲が良さそうで、まだ小さい子供がいる。

「叔父さんすごく優しかった。子供の時、ずっと面倒見てくれたし、遊んでくれてた。なんでこんなことになっちゃうの」

数カ月前から頭痛がすると言っていたそうだ。だが「お金がない」という理由で、病院にも行かず、「お金上げるから検査をして」と、ミカが日本から連絡しても「大丈夫だから。俺は元気だから」と断っていたという。

日本からフィリピンへ送金しているというと、フィリピンのすべての親戚が金を要求しているように思われがちだが、実際は人による。「体調が悪いから薬代をくれ」と毎週のように連絡をしてくる親戚もいれば、本当に体が不調なのに一切相談もせず、病気が悪化してしまう親戚もいる。

翌日、叔父さんは病院で息を引き取った。まだ50代だった。

最後にフィリピンで会った時は、奥さんと子供たちを連れてミカの家に遊びに来ていた。「外国人」の僕にも、ニコッと笑い、挨拶をしてくれ、一緒に軒先でビールを飲んだ。

ミカはビデオ通話をしながら泣いている。スマホの奥にいる叔父さんの家族たちも泣いている。

僕は黙って金を渡す。

「これ、葬儀代に使ってもらって」

「ありがとう」

もし亡くなるとわかっていたら、最後に会った時に少しばかりお金を渡しておけばよかったと後悔する。せめてそのお金で最期に、美味しいものを食べて、家族で楽しい時間を過ごすことができていたら、と――。

通夜にはギャンブルがつきもの

自宅に戻ってきた叔父さんは、棺の中に入れられていた。バロンタガログという、フィリピンの伝統的な衣装を着せられていた。棺の周りには、花束が飾られ、蠟燭が灯されている。

フィリピンの通夜では、ギャンブルが行われる。遺族が葬儀代を稼ぐために賭場を開くのだ。亡くなった人の親戚や友人だけでなく、誰でも参加できる。

僕も学生時代、フィリピン人の友人を訪ねて行ったとき、見ず知らずの家庭の通夜に行ったことがある。礼儀として、棺の前でお祈りをし、遺族の方に挨拶をしたが、突然来た外国人にも丁寧に挨拶してくれた。

軒先に用意されたテーブルで、大人たちがトランプで賭ける。友人が賭けているのを見ていたら、コーヒーが出され、タバコも貰え、キャンディーなどもすべて無料で出てきた。見ず知らずの人が来ても、至れり尽くせりで驚いていると「これがフィリピンの文化さ」と友達は、出されたタバコを口に咥え、手札を確認した。

叔父さんの通夜でも、親戚や近所の人たちが夜通しトランプで賭け事をしていた。

葬儀の日。

葬式は教会で行われた。日本にいるミカは、ビデオ通話で参加した。参列している人たちは、日本のように喪服ではなく、白色のTシャツに短パン、サンダルといった格好だ。

教会から墓地まで、棺を乗せた車を先頭に、その後ろを行列を作ってゆっくりと歩いて行く。棺を乗せた車からは大音量で故人が好きだった曲が流れる。

墓地に行き、コンクリートで作られた墓の中に棺を入れて埋葬される。

死んだ後も金がかかる

僕がミカと結婚してから、今までに4人、ミカのおじとおばが亡くなった。

大方は脳梗塞、心筋梗塞、糖尿病が原因だ。脂っこい食べ物と甘い飲み物を毎日とるから、生活習慣病を抱えている人が驚くほど多い。体の調子が悪い人も珍しくなく、50代を超えた頃から亡くなる人も出てくる。

最近では、フィリピンに帰省する度に、会わない間に亡くなった親戚の墓参りに行く。乗り合いバスや、バイクタクシーで共同墓地まで行く。

共同墓地にはコンクリートで作られた、集合墓が並んでいる。カプセルホテルのように、3段、4段と重ねられた区画に棺が納められている。日本のように綺麗に整備されておらず、区画の大きさもバラバラだ。火葬はしない。

「この辺りだったな」と、案内してくれる親戚たちも、墓に刻まれた名前を確認しながら探す。草が生い茂り、お菓子の袋やゴミがそこら中に落ちている。一緒に来た子供たちは知らない人の墓の上をピョンピョンと飛び回る。

「こりゃ死んでも、知らない人たちに踏まれたり、ゴミを捨てられたりで、静かに寝れないな」と、ミカにいうと、

「そうだね。日本はお墓きれいだし静かだもんね。フィリピンは死んでもうるさいわ。私も、死んだら日本のお墓がいいわ」などと言う。

墓を見つけると、墓地の外で買ったキャンドルに火をともし、墓前に立てる。

「兄貴、ミカが来たぞ。天国から見てるか?」と、亡くなった叔父の弟が言う。

一緒に来た人たちは、他人の墓に腰を掛け、持ってきたお菓子を食べている。国が違えば、埋葬方法も、墓参りの仕方も違う。

叔父さんの眠る墓地の上下左右はまったく知らない人だ。きっと、他の墓参りに来た人たちも同じようにゴミを捨て、墓に腰を掛けているのだろう。

「何年かすると中から棺が出されて燃やされるんだ。場所が空いたら、また違う人が入る。もし出されたくなかったらお金を払わないといけない」

死んだ後も金がかかる。

よくよく見渡してみれば、屋根と柵が付き、まるで家のような墓地もある。金持ちは墓地も豪華だ。貧乏人は共同墓地で、さらに何年かしたらそこからも出されてしまう。

出稼ぎに行くフィリピン人の目的は、家族の生活を助けたい、裕福になりたいというものだが、大前提として、自分の大事な人たちが死なないように、という気持ちがある。ただ贅沢がしたい、金が欲しいというだけではなく、幼い頃から貧しさゆえの「死」が身近にあり、大切な人達の命を守るための手段が、出稼ぎしかないのだ。

出稼ぎは時代と共に

フィリピンの家族に送金をするたびに、「いつまで続けるんだろう」と正直思うところもある。

だが、ミカはこう言う。

「あなたは日本で生まれて、本当にお金がなくて困ったことがないから貧乏の気持ちがわからない。日本だったら仕事が沢山ある。でも、フィリピンは本当に仕事がない。日本からお金送らないと、家族の生活ができない。日本もフィリピンも両方とも私の家族。どっちも大事なの」

僕は小さい頃から、食べたいものを食べ、欲しいものを買ってもらい、学校にも行くことができた。金がなくて、食べるものが無く、家族全員お腹をすかせた経験はない。体調が悪いときは病院にも行けた。

ミカが日本に来る前のフィリピンでの生活について、彼女から話は聞くが、実際にどのような生活をして、貧しい中でどれだけ悔しい思いをしたのか、正確には実感できていないだろう。

日本では今も多くの外国人が働いている。90年代にはブラジルやペルーから日系人が、やがて中国やベトナムから「技能実習生」が日本に出稼ぎに来た。コロナ禍で「技能実習生」が入国できなくなって、農業はじめ建設業など様々な分野で担い手が消えてしまい、社会問題となったことは記憶に新しい。

だが、外国人に対して「あいつらは金だけを稼ぎに来ている」「金を稼いだらすぐに帰る」等、否定的に見る人は一定数いる。

僕自身、金を送っていると、どこか自分の方が偉いと思ってしまうことがある。自分の方が稼いでいるから能力が高いと思い込みがちなのだ。だが、これはたまたま生まれた国が今、経済的に豊かだった、というだけだということもわかっている。

日本も昔は貧しかった。「唐行きさん」という言葉をもじって「ジャパゆきさん」ができたように、日本人女性が東南アジア・東アジアへ渡っていた時代もあった。戦前から戦後にかけて、ハワイや南米に移住した日本人も数多くいる。フィリピンをはじめ、東南アジアにもたくさんの日本人が移住した。日本よりもフィリピンの方が豊かだった時代もある。今は日本の方が豊かだが、それが永遠に続く保証はどこにもない。

10年後、20年後、日本人が外国に「出稼ぎ」に行くことがないと言いきれるだろうか。円安、物価高、上がらない賃金。日本よりも貧しいと思っていたアジアの国々が、ＩＴ分野では日本よりも進んでいたり、目覚ましい経済成長を遂げだしている。フィリピンのＧＤＰ成長率は７・６％（２０２２年、フィリピン統計庁）だし、韓国には平均賃金や初任給平均で既に抜かれている。

バランスが難しい

そんな過去や未来の世界情勢に思いをはせながらも、「今」送金している我が家では、送金の請求が来る度に、夫婦間で言い合いになる。

頻繁に僕の元にまで連絡を寄こすミカの親戚たちは、二言目には「助けてくれ」という。

1年の中で、一番多く連絡が来るのはクリスマスシーズンだ。

「食費がない」「薬代が欲しい」「子供の学費を払わないといけない」であったり、「僕の彼女のおじいちゃんが病気で倒れたから助けて欲しい」のように、もう誰が誰だかわからないような無心もある。こうした連絡が、ミカの親戚や、フィリピン人の友人たちから次々に来る。ミカは親戚や知人からの申し出は「全部無視して」というが、父、母、フィリピンに住む姉からの金の無心には「送って」と言う。

ある時、

「ビジネスで10万円必要なんだ」と、フィリピンに住むミカの姉の夫から、絶対に返済されないであろうお願いがきた。

「絶対に返す。毎月2万円ずつ送る。約束する」という。ミカに相談すると、

「あなたが決めて」とだけ言う。

「じゃあ断る」と断りの連絡を入れても、「頼む」と、しつこく何度も連絡が来る。

「返すって言ってるから絶対返すと思うよ」と、根拠のない話をするミカ。

「もう知らん。送ればいいんでしょ」と、うんざりして10万円をミカに渡した。

　年が明けても、案の定返済はなかった。

「やっぱり嘘じゃん」とミカに嫌味を言うと、「今お金ないだけ」とミカは義兄をかばう。

　そして、5カ月が経った頃、「10万円送金したって」と僕に言う。

「え⁉」と驚いた僕が、ミカと一緒に送金会社に行ってみると、本当に10万円返ってきていた。

「ありがとう。本当に金を貸してくれて助かった。今はビジネスが軌道に乗り出して、利益も出てきた」

　と義兄は言った。ビジネスは本当に軌道に乗っているようで、フィリピンでも稼げるようになったため、日本からの送金額は少なくなり、頻度も減っていった。

フィリピンからの金の無心のあまりの多さに、こちらも疑いの目で見るようになっていた。「どうせ貸しても返ってこない」と決めつけてもいた。

だが、返ってくることもある。ただ単に金が欲しいからだけではなく、本当に必要なこともあるのだ。だが、それが本当に必要な送金なのかを見極めるのは難しい。

僕も送金すべてに反対するわけではない。仲の良い親戚に子供が産まれたり、ミカの父母の誕生日に送金するのは嫌だとは思わない。

ただ、日本の生活とフィリピンへの送金、そのバランスが難しいのだ。

日本とフィリピンの婚姻カップルの離婚件数は多い。性格の不一致、DV、浮気など離婚には様々な理由があるだろうが、その中にはかなりの確率で送金問題も含まれているだろう。

送金は、家計に影響する。いくらフィリピンの家族を助けるために必要といえども、日本での生活もある中、毎月大きな額を送るのは厳しい。

今後も、夫婦の間で送金に対して意見を合わせることは難しいだろう。また送金は夫婦の問題だけでない。フィリピンの家族とも理解し合わなければならない。

結婚した夫婦の間ですら、言葉、育った環境の違い、考え方など、いわゆる「文化の壁」にぶつかることもある。それが、フィリピンの家族と僕の間となると、より強くなる。

だが、僕たち夫婦は、日本とフィリピンの経済格差がなければ出会っていなかった。今、送金に関して悩むようなことがなければ、ミカとも出会うことがなかったということだ。

縁あって夫婦になったのだから、これからもミカとフィリピンの家族とぶつかり合いながら、国際結婚したからこそ感じることができる世界を見ていきたい。

第四章　フィリピンハーフに生まれて

フィリピンハーフの子を持つ親として

僕たち夫婦の間に産まれた子供は、日本人の父親とフィリピン人の母親を持つ、いわゆる「フィリピンハーフ」だ。

今や国際結婚も珍しくなくなり、外国にルーツを持つ子供は増えている。ハーフという呼び方も、「半分」という否定的な意味があるため、ミックスやダブルと呼ばれることもあるが、本章ではあえて「ハーフ」という言葉を使う。

フィリピンハーフの子供たちが増えたのは80年代後半からだ。その頃から日本人男性とフィリピン人女性の婚姻件数が増え、結果としてフィリピンハーフの子供たちも増えた。在日フィリピン人の数は29万人以上（2022年6月末時点）、そのうち7割が女性だから、20万人以上のフィリピン人女性が日本にいる計算になる。子供が1人いる女性が半数としても、10万人のフィリピンハーフの子がいることになる。

日本人男性とフィリピン人女性の国際結婚の多くは、フィリピンパブでの出会いとみていいだろう。客とホステスの関係が、だんだんと互いに惹かれあい、恋に落ち、結婚する。僕とミカもそんなカップルの一組だ。

親としてフィリピンハーフの子を間近で見ていると、母親の日本語能力や子育ての仕方が、子供に影響を与えていることは実感せざるを得ない。

幼稚園に入ったばかりの我が子は、園からの手紙をミカが読めない上、僕も読み忘れるから、忘れ物が多かった。工作で使う新聞や、給食がない日のお弁当を忘れたりする。幼稚園からミカに電話がかかってきて、急いで忘れ物を届けたことが何度もある。

周りの子供たちから、平仮名で書いた手紙を貰った時も、うちの子はまだ平仮名が書けなかった。

「私が日本語わからないから、いつまでも子供が日本語覚えられない」と、ミカは不安そうだった。

食事の仕方も違った。うちでは幼稚園に入る前までは箸を使わず、ミカが食べ物を手でつまんで、子供の口の中に入れていた。日本で育った僕からすると行儀が悪く見えるが、フィリピンではこうした食べさせ方をしている親は多く、必ずしも行儀が悪いわけではない。箸の使い方や言葉に限らず、少しでも周りと比べて遅れたことがあると「母親がフィリピン人だからかな」と僕も、そしてミカ自身も考えてしまう。

だが、いつしか子供は幼稚園で友達を作り、言葉を覚え、数字も1から10まで言えるようになり、箸も使えるようになっていった。

そしてうちの子だけではなかった。幼稚園には、フィリピンやベトナムなど、外国にルーツを持つ子が複数いた。

そういえば僕が子供の時でさえ、学校や近所に、南米出身の子供やフィリピンハーフの子が何人かいた。名前や見た目ではわからず、母親を見て初めて「外国人」だと気づき驚いたこともある。都会に限らず、というよりもむしろ過疎化の進む地方や工業地帯ほど、認識されている以上に外国人の移民が進んでいる。

80年代後半に生まれたフィリピンハーフの子らももう30代後半に入り、社会に出て働き、家庭を持っていたりする。芸能やスポーツなどの分野で活躍している人も多い。だが彼らがどのような環境で育って、またどういった思いを抱きながら大人になっていったかはあまり知られていない。

僕たちの子供はフィリピンハーフとして、これからどのように生きて大人になっていくのだろうか。それが知りたくて、大人になったフィリピンハーフたちに話を聞くことにした。

「泥水を飲んで生きてきました」

「フィリピンハーフの子供はみんな泥水を飲んで生きていると思いますよ」

2019年9月。愛知県安城市の居酒屋でビールを片手にこう語る男性は伊藤翔さん（28歳）。浅黒く彫りの深い顔立ちをしている。作業着を着て、話を聞いている間にも頻繁に携帯が鳴る。

「もしもし。仕事の面接希望ですか？　今どこに住んでます？　寮は必要ですか？　わかりました。あとで面接の日時を連絡します」

彼は今、愛知県と静岡県を中心に、外国人労働者を派遣する会社に正社員として勤めている。彼の元には、口コミやFacebookから連絡先を知った、仕事を求めている外国人たちが電話をしてくる。

「今かかってきたのはフィリピン人です。あえて日本語で話をして、どれぐらい日本語ができるかを見てます。企業さんによっては日本語能力を求められる所もあるので」

伊藤さんの業務は、派遣労働者を管理する「担当者」だ。外国人派遣労働者の採用、受け入れ先企業探しの営業、送迎、仕事の管理、私生活の管理まで多岐に及ぶ。

「住む場所の手配、ゴミの出し方、役所から来た書類を読んだり、病院に連れて行ったり。夫婦喧嘩の仲裁にも入ることがあります」

静岡県掛川市内の金属プレス工場から寮への送迎の車に同乗させてもらった。伊藤さんの運転する10人乗りのバンの助手席にお邪魔する。茶畑が広がる山道を上がって工場に着くと、油で真っ黒に汚れた作業着を着た3人のフィリピン人男性が「お疲れ様でした」と言いながら車に乗った。

「お疲れさん。仕事問題なかった?」と伊藤さんがタガログ語で声をかける。油と汗の匂いが立ち込める。2、3言タガログ語で話した後、車に乗った3人のフィリピン人男性は眠りについた。無言の車内を伊藤さんは寮まで運転する。毎日の送り迎えも彼の大事な業務の一つだ。

母親の愛情を感じたことがない

「家はボロボロ。お母さんはいつも家にいない。小学1年生から皿洗いをしてました。

ずっと1人でした」

1990年11月。愛知県瀬戸市で伊藤さんは生まれた。母親は暴力団の手引きの元1986年に違法に来日し、フィリピンパブで働いていたと聞いている。日本人の父親と母はフィリピンパブで出会い、結婚した。

生後5カ月の頃、母親は伊藤さんをフィリピンの祖父母の所に預けた。フィリピンパブで働きながら赤ん坊を育てるのは難しいからだ。だが病弱だった伊藤さんは、1歳の時に熱性けいれんを起こし、また日本の母親のもとへ帰ってきた。その後は、親子で青森、静岡へと移り住んだ。

母親は昼間は工場、夜はフィリピンパブで働いた。小学2年生までは、夜は母が勤めるフィリピンパブの更衣室のような場所で寝ていたという。

「カラオケの歌がすごくうるさいんですよ。でもその時の影響か、今でも古い歌が好きなんです」

小学3年生からは夜1人で留守番をした。深夜0時過ぎまでテレビを見て、母親が帰ってくる午前2時に一度起きて、食事してまた寝る。朝になると学校に登校する。

「母は家にいなかったですね。僕が病気で側にいて欲しい時も仕事に行っちゃう。インフルエンザにかかって死にそうな時も、母はいない。正直、母親の愛情は感じたことがないですね」

昼も夜も働いている母は、家では疲れて寝てしまう。その為、服を洗濯してもらうこともできず、汚れたままで着ていかなければならない。そうすると、服が臭いという理由で、いじめが始まった。

「学校でまたみんなにいじめられるの嫌だから、だんだんと休むようになりました。学校を休んでも母は何も言いません」

自分で洗濯ができるようになった小学4年生頃までは「服が臭いから」という理由で学校に行くことが出来なかったと淡々と語る。

母は学校と連絡を取ってくれることも無かった。

「授業参観とか学校の行事に来てくれたのも2回ぐらい。運動会もずっと1人でした」

母が授業参観に来た時、周りの保護者達は地味な格好で来ていたのに、伊藤さんの母は真っ赤な口紅に、アイライナーをして、派手な色の服で来ていた。

「その時はさすがに恥ずかしかったですね」

その時、周りに母親が外国人ということを知られ、母の名前のせいでからかわれたりした。

家庭訪問の時に先生が家に来ても、母親は寝ていて先生と会ってくれない。事前に先生が来る日時を伝えていた伊藤さんが、懸命に起こしても「いないって言って！」の一言。伊藤さんは先生に申し訳なく思いながら、母がいないことを伝えた。熱意のある先生は、母親が出てくるまで待とうとしたが、母は出てこなかった。

「俺ちゃんと先生来るって言ったのに、って思いましたよ」

学校からの手紙も読めず、持ち物を忘れることも頻繁だった。

税金滞納、電気・ガスは止められてから払う

伊藤さんは幼少期、経済的にも生活は苦しかった。

「税金も滞納してたし、電気、ガスは止められてから払う。常にライフラインのどれかは止まってましたね。給食費は6カ月は滞納するし。ゲームも皆がNINTENDO64をやってるときに、スーパーファミコン。ゲームキューブが出たらようやく64。友達の家で新しいゲームをやる時自分だけやり方がわからない。とにかく貧乏でした」

木造2階建てのアパート。家賃は2万4千円。障子は破れ、骨組みだけ。家の中はゴ

ミ屋敷で、ゴキブリが湧いていた。

伊藤さんは日本人の父親との記憶はない。母からは「お父さんはお前が2歳の時にトラックの事故で死んだ」と聞かされていた。だが大人になったときに、父親が生きていることを知った。

「その時は父を恨みましたね。離婚してなければこんな貧しい生活しなくてすんだのに」

学校で歯の健診に引っかかっても歯医者には連れて行ってもらえなかった。だから子供の頃から虫歯だらけだったという。夜は母が家にいないから、寝るのも遅くなる。朝、お腹を空かして起きても、母は昼過ぎまで寝ているだけで、食べるものがなかった。それが普通の世界だった。

シングルマザーとして日本で伊藤さんを育てるフィリピン人の母は、社会から孤立していた。行政に相談すれば、生活保護や児童扶養手当などの支援を受けられたかもしれない。だが、フィリピン人の母親が1人で行政に繋がるのは難しかった。

突然フィリピンから来た弟たち

小学6年生の時には、突然2人の弟ができた。もともと自分に弟がいて、フィリピンにいることは知っていた。だが、それまで一緒に暮らしたことはなかった。

「あなたの弟たちだよ、って突然言われて。自分の弟なのに『え！　外人じゃん！』って思いましたよ」

兄弟といえども、何度かフィリピンで会っただけ。言葉も通じないまま、泣きわめく弟たちに困惑する。夜は母が仕事に行ってしまうため、子供たちだけで過ごした。

「弟たちも大変だったと思いますよ。突然日本に連れてこられて言葉もわからない。周りに馴染めなくて1人は非行に走りましたね」

1人の弟は、原付バイクの窃盗で何度も警察に捕まった。

伊藤さんは、定時制高校に進学した。

「私立なんて考えられないですよ。でも定時制に行ったおかげで、自分と同じ境遇の人が多いということを知りました。そいつらと『フィリピンあるある』で盛り上がりましたね。時間にルーズとか声がでかいとか」

定時制高校には伊藤さんと同じように、フィリピン人シングルマザーと暮らす、フィリピンハーフたちが沢山いたのだ。それまで、自分だけの問題だと思っていたことが、自分と同じような環境で育ったフィリピンハーフの人たちと出会うことによって、自分の家庭だけの問題ではないということを知った。

定時制高校を2年の時に退学した伊藤さんは、その後、掛川駅でホストにスカウトされて、東京・歌舞伎町でホストになった。「全然俺じゃないと思うんですけど」と照れ笑いをしながらスマホに保存されている当時のプリクラを見せてくれた。目の前にいる伊藤さんよりも痩せていて、金髪を長く伸ばし、キメた顔をしている。

歌舞伎町で数年働いた後、掛川市に戻り、居酒屋などでバイトをしているときに、派遣会社を経営する今の社長に誘われ、就職した。

「大変な仕事ですけど、やりがいはありますよ。仕事は好きです」

タガログ語を独学

流暢なタガログ語で担当のフィリピン人派遣社員と話す伊藤さん。彼は日本生まれ日本育ちだが、タガログ語を話せる。

タガログ語を覚え始めたのは小学6年生の頃。母がフィリピンの親戚たちと話している言葉がわからず、自分が親戚と話そうにも言葉が通じないことに悔しさを感じ、それから母が話すタガログ語を何度も聞いて教えてもらった。

「母は相当鬱陶しがっていましたよ。でもタガログ語知りたいと思って」

勉強が好きだった伊藤さんは、母から教えてもらったタガログ語をどんどん覚えていき、仕事でも使える程上達した。能力を生かし、今では約80人の、主にフィリピン人派遣労働者を管理している。

伊藤さんは、来たばかりのフィリピン人派遣労働者と同じアパートに住む。最初は電灯しかついていない部屋にちゃぶ台を置き、買ってきた弁当を共に食べる。部屋の中に他の家具はない。寝室に布団が敷いてあるだけだ。仕事が休みの日に必要な家具を買いに行く。そんな相談もタガログ語でしていた。

外国人派遣労働者たちが一番身近に相談できるのが伊藤さんのような「担当者」だ。

「担当者によって彼らの日本での生活の質は変わりますよ。僕は自分で言うのもなんですけど、めちゃめちゃ優しいですよ」

そうした対応が評価されて、口コミで伊藤さんの電話番号が広がり、職を求める外国人から面接依頼の電話が毎日のようにかかってくる。

伊藤さんは、彼らの仕事の管理はもちろんのこと、私生活でのトラブルにも対応しなければならない。体調が悪くなった外国人を病院に連れて行ったり、警察に捕まった派遣労働者の通訳や、何日も連絡が取れない派遣労働者の家に行き、孤独死していた現場にも遭遇したことがある。

伊藤さんの話を聞き、実際に働いているところや、外国人派遣労働者たちと身を寄せ合って暮らしている姿を見ていると、外国人労働者たちと日本社会を結ぶ最前線にいるように思えた。

「今、日本に来てるのは外国人だけじゃなくて、フィリピンで育ったフィリピンハーフの人も結構多いですよ」

フィリピンには、日本人男性とフィリピン人女性の間に生まれたフィリピンハーフの子供たちが大勢いる。彼らは親と共に日本に来たり、親から日本に呼び寄せられたり、また自分自身が日本国籍を持っているなどの理由で、日本に「出稼ぎ」に来ている。

「自分の担当には、フィリピンで育ったフィリピンハーフの子たちも沢山いるんですけど、皆どこかに『闇』を抱えてるんですよね」

伊藤さんも「ハーフ」として日本で生きてきて、周りの日本人から「壁」を作られると感じた。外人、太ってる、服が臭いなどという理由で、いじめられることもあった。

周りに気に入られたくて明るく面白いキャラになった。そうしたら「いじられキャラ」になっていじめは無くなった。

「自分は性格が明るかったから乗り越えられただけだと思います。もし性格が暗かったら、と思うと……」

フィリピンハーフとして日本で育った伊藤さんと、フィリピンで育った人たち。育った国は違っても、同じような悩みを抱えながら大人になったのだと感じるという。

「同じハーフだから彼らと通ずるところがあるんです」

外国人労働者が増えている今、外国で育った「日本人」たちも多く日本に「出稼ぎ」に来ている。彼らはどの様に育ち、日本に来て、どのように過ごしているのだろうか。

フィリピンに帰れない

彼との出会いは、２０１５年の春だった。フィリピンから来た友人と名古屋市内の居酒屋で飲む時に、友人が連れてきたのが斉藤康介（仮名）さんだった。

年は僕より1学年下で、当時25歳。日本語で話しかけても、

「あ、ごめん。わからない」としか答えない。何か不思議な雰囲気を醸し出していた。

「こいつ、フィリピンでオーバーステイ（不法滞在）になったんだよ。でも日本人なのに日本語わからない」

僕のフィリピン人の友人と彼は、フィリピンにある、日本で仕事を得ることを目的とするスクールで出会った。日本語の授業を真面目に受けていた友人に比べ、彼はいつもさぼりがちで授業中もあまり真面目には受けていなかった。だが日本で職を得たのは、斉藤さんの方だった。

僕と出会ったときは、失業手当で生活をしていた。安城市の部品工場で派遣労働者として仕事をしていたが、勤務態度が悪くクビになったそうだ。毎日やることもないため、インターネットゲームで遊んでいるという。その時は、不思議な奴もいるんだな、ぐらいにしか思わなかった。

2018年5月、彼を紹介してくれたフィリピン人の友人から、一枚の新聞記事が送られてくる。「覚せい剤使用容疑の疑いで逮捕」の見出し。地方版の小さな事件欄に、斉藤康介の名前が入っている。

「頼む。あいつを助けてやってくれないか？　日本語もわからないし、困ってると思う。頼む、良い奴なんだよ」

声を詰まらせながら、斉藤さんのことを連絡してきてくれた友人に、連絡を取るようお願いされた。友人の名前は植田ミゲル（仮名）さん、日系ブラジル人だった。彼も数カ月前に大麻取締法違反で逮捕され、釈放されたばかりだった。

メッセージを送ると「俺は日本語がわからないから、一度コウスケに面会に行って、色々と助けてやってほしい。今、静岡の警察署に留置されてる。昨日も面会に行ってきた」という。

都合をつけて面会に行く約束をしたが、1週間後、ミゲルさんから電話があった。「大変だ。今、警察署まで面会に来たんだが、コウスケがどこかに移送された。場所を聞いても教えてくれない。一回警察署に電話してくれないか？」と焦っている。

斉藤さんが留置されていた警察に電話をかけ移送先を尋ねてみるが「すみませんが、お教えすることはできません」と言われ電話を切られてしまう。

拘置所での再会

1カ月ほど経った頃、フィリピンの友人から連絡がきた。「コウスケの居場所がわかったぞ。あいつの親戚が日本にいて、俺に連絡をくれた。名古屋にいるって言ってる」

斉藤さんは名古屋拘置所に移送されていた。

2018年7月、猛暑の名古屋。名古屋拘置所は巨大な白色の壁に囲まれたような建物だった。守衛に「面会に来た」と話すと、荷物をロッカーに入れるよう指示された。荷物を預け、金属探知機の中をくぐって、2階へ上った。椅子が並ぶ広い待合室で、面会受付用紙に記入をして、受付窓口に提出し、番号が書かれた紙をもらう。

少しすると受付の職員に呼ばれる。

「中の方とのご関係は？　どういった事件で入っているかわかりますか？」と質問を受ける。質問に答えた後に、「彼、たぶん日本語が不自由なんですけど、英語とかで話してもいいですか？」と聞くと「すいません。日本人の方なので、日本語でお願いしたいです」と言われる。

3年前に彼に会ったときは、全く日本語ができなかったため、面会時に意思の疎通が取れるか心配だ。

スピーカーから番号がアナウンスされ、呼ばれた人が面会室の中に進んでいく。面会を終えた女性が目を赤くしながら出てきた。弁護士と打ち合わせをしている人もいる。様々な事情で拘置所に入っている人たちがいる。斉藤さんは僕以外に誰か面会に来た人はいるのだろうか。

「19番、19番の方、17号室へどうぞ」

僕の番号が呼ばれたので面会室に向かった。ずらっと扉が並んでいる。17番と書かれた扉を開ける。中には手前に椅子が2つ。アクリル板を挟んで奥に椅子が2つある。

座って待っていると、向こう側の小窓から斉藤さんがこちらを覗く。驚いた顔をしながら部屋の中に入ってくる。

3年ぶりに再会した斉藤さんは痩せており、茶色いTシャツに緑色の短パン姿。

「何で俺がここにいる知ってるの？」片言の日本語で話してくれる。

「友達に聞いた。みんな心配してるよ」

「ほんとに？　心配してくれる人いる、嬉しいね」笑顔になる。

逮捕時は48キロだったが、名古屋拘置所に移動してから52キロまで太ったという。

「ここのご飯はおいしいよ。ここ来るまえのご飯はあんまりおいしくなかった」

拘置所では、独居房で1日の大半を過ごしているという。7時に起床、7時半に朝食。月水金は入浴、火木は20分の運動の時間がある。「中は暇だね。やることない。本を読みたいんだけど、日本語の本ばかりで英語の本は少ない。俺は漢字がわからないから、日本語の本は読めない。英語の本は大体読んだかな」

最後に読んだのは、ブッダの教えについて英語で書かれた本だという。

3年前に会った時よりも日本語は話せるようになっていた。それでもまだたどたどしく、通じないときは簡単な言葉に直さなければならない。取り調べや弁護士との会話には通訳が付くそうだ。

「通訳に俺が言いたいこと通じてないときもあるし、通訳してもらったことがわからないことがある」

自分の言葉で直接話をできないと細かなニュアンスが伝えられない。話が通じなくて、取り調べで怒鳴られることもある。

「あと5分ね」

斉藤さんの隣に座る刑務官が無愛想な声でいう。

「ちょっとお願いしたいことあるけどいい?」

英語の本を数冊差し入れしてほしいということ、何人かに連絡を取ってほしいこと、また面会に来てほしいこと、手紙でもやり取りをしてほしいことをお願いされた。

「また来てね。待ってます」そう言い残し、刑務官とともに部屋の外に出た。

家に帰り早速手紙を書いた。便箋にひらがなで、できるだけ大きく、分かりやすい言葉を選んで書いた。

1週間後、返事がきた。ローマ字で書かれた手紙。右下には検閲した時に押された桜のスタンプがある。手紙には起訴された内容が書いてあった。覚せい剤取締法違反、大麻取締法違反、関税法違反の容疑だそうだ。

覚せい剤で執行猶予

斉藤さんは静岡県内の自動車部品工場に派遣労働者として働いていた。アパートは自分で借りて一人暮らしをしていたが、２０１８年1月ごろから、同僚のフィリピン人が斉藤さんの家に度々泊りに来るようになった。

4月、夜勤から帰ってくると、泊まっていたフィリピン人の同僚が、自分の友達を連れてシャブをやっていた。その日はそういう気分ではなかったから断ろうと思ったが、彼らからの勧めでやる事にした。

「まだそんなに仲良くない奴だったから、なんか断るのも悪いなって思って」

朝6時30分頃、同僚らは2人とも帰っていった。そのうちの1人が家に帰ったら具合が悪くなり、病院に行った。その病院で覚せい剤を使用したことが発覚し、警察に通報され、逮捕された。捕まった同僚は警察の取り調べで、斉藤さんの家で覚せい剤を使用したことを話した。

1カ月後の5月。朝10時。ドアのインターホンが鳴った。小窓からのぞくと、3人の男が立っていた。

「NHKの人がたまに来るから、また来たのかなって思ってドアを開けたんだ」

すると、まず3人の男が、ドアの中に入ってきた。その後、次々に警察官がなだれ込んできた。

「え？　何が起きたんだって思った」

そして、自分が覚せい剤使用の容疑で逮捕されたことを知る。

「本当にびっくりした。頭が真っ白になった」

体をチェックされ、ソファに座らされた。体中が震える。通訳が来て全ての質問に答えた。手錠をはめられ、警察署まで連行された。

僕は斉藤さんが住んでいたアパートまで行った。白い2階建てのアパートで、周りは田んぼと住宅しかなく、カエルの鳴き声しか聞こえない静かな所だ。

斉藤さんの部屋には、覚せい剤のほかにも大麻があり、それらとあわせて海外から覚せい剤を輸入しようとした時に使用したパソコンが押収された。

警察署に留置されている時に、アパートの管理会社の人が来て、1カ月分の家賃を払わなくて良い代わりにすぐに出て行ってほしいと言われた。その場で書類にサインをして、家を退去することになった。

「俺の荷物どうなったかな?」家の中に取り残された荷物の行方はわからないと言う。「銀行のカードも、服も、家具も全部大事なものがあるのに」

その後も面会に何度か行った。坊主頭になっていたが、顔色が良く「外に出たら一緒に飲みに行こうよ」などと元気な日もあれば、

「俺、たぶん刑務所に行くと思うって。2年か3年。しょうがないね、悪いのは自分。刑務所に行って反省して出てきます」と落ち込んだ様子の日もあった。

「誰か他に面会に来る人はいるの」と聞くと、「従妹が愛知県に住んでる。でも一回しか来てくれなかった」と寂しそうに答えた。

斉藤さんにはフィリピン人の母と妹がいるが、2人ともアメリカに住んでいて、面会には来ない。彼は日本で孤独だった。

10月、裁判の日の翌日、斉藤さんからメッセージが届いた。

「俺、外に出てこれた。執行猶予だって。これからはまじめに生きるよ。先ずは仕事探す。また落ち着いたら会おう」

彼は釈放され、まずは従妹の家に身を寄せた。仕事と住む場所を探すのだといった。

簡単に手に入る「仕事」と「薬物」

派遣会社の担当者をしている伊藤さんからも、外国人コミュニティーでの覚せい剤蔓延の話を聞いていた。

「日本で簡単なのは仕事と薬物を手に入れること」

斉藤さんの友人で、日系ブラジル人のミゲルさんも言う。彼は2012年にブラジルで働いていたコールセンターを辞めて日本に出稼ぎにきた。最初は三重県に、その後、島根県、静岡県の工場を転々とする。日本にきて6年になるが、日本語は話せない。

「初めて大麻を買ったのは日本に来て1カ月後。同じ職場の同僚に大麻を吸ってるやつがいて、そいつに売人を紹介してもらった。日本のどこに行っても相場は決まってる。大麻は1グラム5千円。覚せい剤は0・1グラムで1万円」

どこに行ってもすぐに薬物は手に入るという。

「仕事の同僚か、パーティーに行けば薬やってるやつがいる。そいつから誰から買ってるかを教えてもらう。教えてもらった電話番号に、何が欲しいか、どのぐらい欲しいか、いくらか、どこで受け取ればいいかを決める。それだけさ」

工場の仕事は、難しい日本語を使用しなくてもできるように工夫がされている。必要最低限の日本語だけ覚えればいい。日本人社員と話をするときは、派遣会社の担当者に通訳してもらう。

薬物も、必要な言葉さえ覚えれば買うことができる。また外国人が売人のケースもあり、言葉が通じる売人から買うこともできる。

外国人が多く増えた今、行政は無料日本語学習や外国人向けの生活相談、就職支援など様々な支援活動を行っているが、行政のそうした努力よりも、彼らを労働力として必要としている企業や、薬物の売人の方が、日本語の出来ない外国人に合わせるスピードが速い。外国人が日本で生活する上で、日本語ができなくても困らない状況がどんどん作られていく。そうすることで、彼らはより日本社会から周縁化されていく。

仕事は嫌になれば辞めて、また違う場所に行けばいい。ミゲルさんは大麻取締法違反で捕まり、釈放された後、静岡県内のタイヤ工場で働いている。時給は1750円だ。日本語ができなくても、これぐらい時給の高い仕事を得ることができる。彼らは、仕事も薬物も不自由なく手に入れることができる。

あ、俺は寂しかったんだ

2018年12月、静岡県浜松市。派遣会社のロゴマークが大きく描かれた2階建てのアパート。そこに住む斉藤さんは、もう坊主頭ではなく、深くかぶった帽子から伸びた髪がはみ出していた。

「今の仕事は、車のシャフトを作ってる。この社宅の家賃は5万5千円。すぐ裏に派遣会社の事務所があるから、休むとノックされるよ」

社宅から送迎で20分ほどの工場で働く。残業もなく給料は少ないそうだ。

「捕まる前は毎日覚せい剤をやってた。多分捕まってなかったら俺死んでたよ」

斉藤さんは、2012年に茨城に来て、静岡、愛知と工業地帯を渡り歩き、再び静岡に戻ってきた時、覚せい剤に手を出したという。

飲み会の席で「覚せい剤をやってる」という話を聞いた。

「フィリピンで何回か覚せい剤やってたから、え？　日本にもあるんだって驚いた」

売人の連絡先を聞き、それから毎日のように覚せい剤を使った。覚せい剤をアルミホイルの上に置きライターで炙り煙を吸う。気分が高揚し、食欲もなくなる。寝なくてもいいし、仕事にも集中できた。どんどん痩せていき、体重は40キロ台になった。

日本語はわからないが、仕事と薬物は簡単に手に入れられた。

「寂しかった。友達と喧嘩。家族もいない。母親には新しい家族がいて、もう俺のことはいらないみたい。女にも騙される。職場では悪口を言われる。でも覚せい剤をやると仕事だけに集中できる。そうすると、寂しさがなくなる。拘置所の中にいるときにわかった。あ、俺は寂しかったんだって」

人づきあいが苦手な斉藤さん。日本でも友人とトラブルになることが多く、また日本語が話せないため、仕事以外の知り合いもいない。

日本で孤独を感じている、フィリピン育ちの日本人。彼は幼少期、フィリピンでも常に孤独を感じながら生きてきた。

親戚の家をたらいまわし

1989年6月、斉藤さんは千葉県で産まれた。母はフィリピン人、父は日本人だ。

「小さい頃の記憶は全くない。お父さんのことも知らない」

産まれて間もなくして、父と母は離婚。原因は父親の浮気だと聞いている。斉藤さんは2歳になるころからフィリピンで育った。

「色んな親戚の家に預けられて育った。マニラ、バレンズエラ、アンティポーロ、ブラカン。色んな所に行ったよ」

母は斉藤さんをフィリピンの親戚の家に預けて、日本のフィリピンパブで働いていた。だが、斉藤さんにとって、親戚たちとの生活は辛いものだった。

「はじめはみんな優しくしてくれる。何が欲しい？　何が食べたい？　でもだんだん冷たくなる。親戚の自分の子どもと俺の待遇は違う」

家の中では鬱陶しがられていたが、それでも親戚は斉藤さんを離そうとはしない。

「俺の面倒を見ていたらお母さんからお金送ってもらえる。だから『こっちにおいで、面倒見るよ』。でも、どこに行っても冷たくされる。お母さんはそのことを知らない。親戚もお母さんには嘘をつく。電話で『親戚にいじめられてる』と言ってもお母さんは信じてくれない」

母が斉藤さんのために小遣いを送っても、親戚が自分のものにしてしまう。送ってきた金はギャンブルに消えていく。子供ながらに、自分は母から金をもらうために利用されている、と思うようになった。

斉藤さんが母親に訴えかけても家は変わらなかったが、母と親戚が喧嘩をすると、すぐに違う親戚のところに預けられた。

「お母さんが全部決める。俺は何も決められない」

その度に学校を転校しなければならず、友達もいなかった。

そんな斉藤さんも15歳から2年間だけフィリピンに帰って来た母親と生活を共にした。

「父親が違う妹と3人で生活したよ。でも17歳までの2年だけ。お母さんは新しい家族ができた。妹はついていったけど、俺は1人で残った」

母親との生活は長くなかった。斉藤さんは母親と離れて育っただけではなかった。母はフィリピンで斉藤さんの出生届を出していなかった。

「だから俺はフィリピンにＩＤはない。持っているのは全部偽物。金を出せば作ってくれる所が沢山ある。役所で書類が必要な時は、賄賂を払えば作ってくれる」

フィリピンでオーバーステイ状態だった

地元のギャングにも入った。体中に入れ墨も入れた。一度、我が家に泊まりに来た斉藤さんの体には入れ墨が残り、日本に来る前にレーザーで消した部分がケロイド状になっていた。大人しく、物静かな彼からは想像できない。

22歳を過ぎた頃、日本行きを思い立ち、マニラにある、日本への仕事の斡旋団体に通うようになった。理由は、妹の学費を出すためだった。毎日、日本語の授業を受けた。授業料はその当座は無料だが、就職先＝日本行きが決まると、入るはずの給料から天引きをされる。その時、僕のフィリピン人の友人と出会ったわけだ。成績は友人の方が良かったが、友人は日本行きが叶わず、「日本国籍」を持つ斉藤さんは、日本行きがすぐに決まった。

日本のパスポートを持っていなかった斉藤さんは、斡旋団体に手続きをしてもらい、日本大使館から「日本帰国用」のパスポートを発行してもらった。だが、手続きをしている時に、自分がフィリピンで20年間オーバーステイ状態だったことを知った。

「俺のお母さんが何も書類出してなかった。俺はフィリピンで、日本人として生きて、ずっとオーバーステイだったって言われた。罰金払わなかったら、フィリピンに戻れないよって言われた。でも俺は、日本で働きたかったし、日本で金を貯めてから罰金払ってフィリピンに帰ればいいやって思って、日本に行くことにした」

日本へ「出稼ぎ」に行く日。数年働き金を貯めたらフィリピンに戻ろうと思い、空港まで行った。すぐに金が貯まり帰ることができると思っていた。だが、日本に来てからまだ一度もフィリピンには帰っていない。それどころか、パスポートも持っていない。

「パスポート作りに行っても、日本語で何か言われてるけど、全然わからない。だからまだ作れない」

僕の子も日本の役所に出生届を出したから日本国籍はある。だが妻の国、フィリピンでは未提出だ。妻に、フィリピンでも届け出をして、日本とフィリピンの二重国籍にしよう、と言っても「日本国籍あるからいらないんじゃないの?」と、その気はない。

国際結婚の子供の場合、両親の国それぞれで出生届を出して、二重国籍を保持している場合も多いし、出生地主義をとるアメリカで生まれた子供が、アメリカ国籍を保持できることはよく知られている。だが、日本は重国籍を認めていない。20歳になるまでに、日本か、それ以外の国か、選ばねばならない。

だから、日本で生まれて、フィリピンでは出生届を出さず、フィリピン国籍を持たないフィリピンハーフの子供は多い。斉藤さんのように、日本で産まれたのに、フィリピン国籍をもたないままフィリピンで育つこともある。フィリピンで届け出をしていなければ、自分の知らないうちにオーバーステイ状態で育っていく。

親の行動一つで、子供の人生は左右される。斉藤さんは母親に翻弄されて生きてきたといえるだろう。

「俺はずっと寂しかったんだよ。家族も友達もいない。だから覚せい剤にハマッたんだろうな」そう、斉藤さんは呟いた。

マイナスからのスタート

拘置所から出た後、家に残していた彼の持ち物はすべて処分されていた。

「ゼロからのスタートだね」というと、

「ゼロじゃないよ。マイナス。携帯も料金滞納していて止められた。家を借りたくても借りられない」

彼は携帯も契約できない。端末を持ち歩き、Ｗｉ-Ｆｉに繋げて使用する。自分で家も借りられないため、寮がついている派遣会社に登録するしかない。

　斉藤さんはその後、浜松市の派遣会社を辞め、静岡県内の別の派遣会社に移り、そこから岡崎市の派遣会社に転職した。

「届いた手紙が読めない」「行政書士事務所に言葉が通じないから俺の言いたいことを伝えてほしい」「マイナンバーの申請を手伝ってほしい」など、困ったことがあるたびに連絡が来るようになった。

「見てほしい書類があるから、時間あるときに俺の家に来てくれるか?」と呼ばれ、岡崎市のマンションに行った。

　マンションの中に入ると、男物の靴が散らかっている。斉藤さんは2人のフィリピン人男性と一緒に住んでいる。斉藤さんは、リビングで寝ているといった。

「俺、今仕事してないから。辞めた。合わなかった。次の仕事決まるまでここにいさせてもらってる」

　斉藤さんはまた仕事を辞めた。今はまた違う派遣会社を探している最中だ。

「俺だけ働いてないからなんか居心地悪いよ」

　頼まれた書類を記入し、郵便局まで出しに行った。道中、工事現場で交通整理をしている高齢の男性が旗を振っている。

「日本人はお爺さんになっても仕事するね。フィリピンだったら年取ったら仕事しないよ。俺も、年取ったらフィリピンに住みたい」

だがまだ彼はオーバーステイの罰金を払っておらず、フィリピンには帰れない。

書類を郵便局に出し終え、マンションの下に着くと、

「ちょっとルームメイトと一緒に買い物に連れてってくれないか？」

寝癖をつけた細身の男性と、小太りな男性が車に乗る。

はじめはタガログ語で3人は話していたが、フィリピンのバスケットボールチームの話を僕がすると、流暢な日本語で話してくれた。車を20分ほど走らせて、フィリピン食材店に行った。3人は野菜や肉、調味料などをカゴに入れていく。

壁には沢山の求人案内が貼ってある。介護、工場、ホテルのベッドメイキング、フィリピンパブ。ローマ字で二交代や、場所、時給、夜勤、残業の有無などが書いてある。

こうした求人を見るだけでも外国人労働者の需要が高いことがわかる。

「そういえばミゲル強制送還されたよ」

斉藤さんが逮捕された時に、僕に連絡をくれた日系ブラジル人のミゲルさんが、強制

送還されたという。

彼は心を入れ替え「これから真面目に生きていく」と言っていたが、僕と話した後に入管職員が家に来て、そのまま連れていかれ、ブラジルに返された。

他にも、覚せい剤をやっていたフィリピン人が強制送還されたという。

「俺は返されない。ラッキーかな？　フィリピンに帰りたいけど」

日本人の斉藤さんは強制送還されることはない。日本は彼の国だから。だが彼は国籍こそ日本だが、日本語は話せない。考え方もフィリピン人そのものだ。日本人コミュニティーには入っていけないから、フィリピン人コミュニティーで生きていかなければならない。狭いコミュニティーだ。また人間関係が悪くなることもあるだろう。そして、覚せい剤を使っている人が身近にいたら、再び手を出さないと言い切れるだろうか。

その後、彼は静岡、群馬、神奈川、新潟と転々とした。やはりどこに行っても長く勤めるのは難しいようだ。

戸籍を元に父親を探したこともある。派遣会社の担当者の手助けを受け、父親が住んでいる住所を調べた。

父親は千葉県内に住んでいた。斉藤さんの母と別れた後、また別のフィリピン人女性と結婚していて、子供もいた。

千葉のその家の前まで行った斉藤さんは、出てきた父親に声をかけたという。

「びっくりしてたよ。でも今は時間無いからって、電話番号を書いた紙を渡されて行っちゃった。なんかあんまり俺に会いたくないみたいだったから、もう会うのは止めた」

父親にも見捨てられたと感じた。彼は本当に孤独なのだ。

「日本人の友達はいるの？」と聞いたことがある。少し考えたふりをした後に「あなただけ」と答える斉藤さん。これからも彼が困ったときは手を差し伸べたいと思う。

フィリピン人の両親の間に生まれた「日本人」

2020年2月。新宿駅西口でｉＰａｄを片手に持った背の高い今どきの若者に会った。彼の名は田中健太（仮名）さん。21歳の大学生だ。

彼からは「本を読んで感動しました。実は両親は2人ともフィリピン人ですが、僕は産まれた時から日本人です。一度お会いしてお話ししたいです」というメッセージを受け取っていた。

近くのカフェに入り、コートを脱ぎながら、田中さんは照れ笑いした。

「名古屋からわざわざすみません。メッセージでも話しましたが、両親はフィリピン人ですが、僕は日本人として産まれました。というのも、母は僕を妊娠していた時にオーバーステイでして、このまま僕を産むと僕までオーバーステイになってしまう。だから産む前に知り合いの日本人と偽装結婚したんです」

田中さんは1998年、日本で暮らすフィリピン人の両親のもとに産まれた。母は興行ビザで来日し、ビザの期限が切れても、日本で働き続けた。父もビザを持っておらず、両親ともオーバーステイ状態での日本暮らしだった。

田中さんを妊娠し、ビザがないことに困った両親は、知り合いの日本人男性に相談に行った。するとその男性から、日本に合法的にいられるよう、自分と母親が偽装結婚することを提案された。

母はその日本人男性の「田中」と結婚する。その後、田中さんが産まれ、法律上は母が結婚した日本人男性「田中」の戸籍に入り、日本国籍を得た。母親もビザを申請し、オーバーステイの身分から正規の在留資格を得ることができた。

母の偽装結婚相手の「田中」の記憶はあまりない。小さいころ何度か家に来ているのを覚えてはいる。良い人で優しいおじさんだったと記憶している。だが何を話したかまでは覚えておらず、法律上の父が家に来ると「あ、知らない人がきた」と緊張した。

現在、都内の大学に通う彼が自分が本当は「日本人」ではないことを意識するようになったのは、2019年に大学のプログラムで海外に行ってからだった。

「現地で全く日本人に見られないんですよ。現地の人に間違えられたりして。今まで日本にいて、日本人として過ごしてました。何も疑問に思うこともなかったです。学校の教育を受けて、何か日本社会に良いことをやろうと思ってました。でも海外に出ると日本人に見られない。そこで『あ、自分日本人じゃないんだ』って感じました」

日本に帰り、その時抱いた疑問を調べようと、インターネットや大学の図書館で日本の国籍法を調べた。

「僕、本当は日本人になる資格ないんだって知りました。その時はショックでしたね」

日本の国籍法では生まれた時に日本国籍を取得することができるのは「出生の時に父又は母が日本国民であるとき」と定めている。アメリカのように両親の国籍にかかわらず、生まれた場所で国籍が与えられる出生地主義ではなく、父母の国籍を取得する血統主義を取っている。

両親がフィリピン国籍の田中さんは日本の国籍の要件に当てはまらず、本来なら日本国籍を得ることができなかった。

「もし大学に行かなければ特別変わりのない、普通の人生だったと思います」

今までも、他人の戸籍に入って生きていることに対して、違和感は持っていたが、それほど特別なことだとも思っていなかった。

「大学で学んでいく中で、自分の違和感を説明できるようになった気がします」

大学の授業で、フィリピン女性や難民、ＬＧＢＴＱのことを学んでいく中で、今まで「普通」だと思っていた自分の人生を見つめ直すと、疑問に思うことが出てくる。

そして、「小さいころから嘘偽りの人生でした」と話し始めた。

嘘だらけの人生

田中さんが、自分は周りとは違うと感じはじめたのは小学校に入学した頃だった。学校で家族のことを話すというときに母から「お父さんのこと言わないで。お父さんの名前は田中○○って言いなさい」と、本当のフィリピン人の父親のことは伏せろと言われ、母の偽装結婚相手の名前を言うように言われた。

学校に書類を出すときも、本当の父の名前でなく偽装結婚相手の名前を書いて出した。

周りの友達みたいに家族の話ができなかった。自分が偽装結婚相手の戸籍に入っていることを隠さなければならないからだ。

友達を家に連れてくるときも、母親から父のことを「お父さん」と言わずに「仲のいい知り合いと紹介しなさい」と言われた。でも仲のいい友達だけには、本当のお父さんと話した。

また実の父はオーバーステイだったため、遠出はできない。常に周りを警戒しなければならず、交番の前は避けて通るなど、小さい頃から気を遣った。

母はフィリピンパブで仕事をしていたが、周りには「介護の仕事をしていると言って」と言われていた。また、母は仕事とはいえ、好意がない客にも好意があるように見せる。そんな姿も幼い時から見ていた。

父はオーバーステイ、母はフィリピンパブ。そして自身は、実の父ではない日本人男性の戸籍に入っている。嘘ばかりの人生だった。

田中さんが子供の時は、夜、母が仕事に出てしまうため、実の父親と過ごす時間が長かった。父親からは「勉強しなさい」と厳しく言われることも多かったが、いつも一緒にいるため、田中さんは「お父さん子」だった。

父親との思い出は、小学校の頃の自由研究。小さな庭で父が育てていたトマト、ナス、ゴーヤ、里芋、インゲンなどを観察した。

「本当に凄いんですよ。何でも庭で育てちゃう」と当時を思い出し、嬉しそうに語る田中さん。

法的な関係は無く、オーバーステイ状態の「父」だが、田中さんは父親を一番頼った。しかし、中学3年の時、いつものように早朝5時から工事現場の仕事に向かうために家を出た父は、玄関の扉を開けると同時に警察に囲まれ、捕まった。父はそのまま連行され、フィリピンに強制送還された。父が捕まった後、母は号泣した。

「この時期が一番つらかったです。受験もあったし、学校でも友人たちとの関係に悩んでいましたから」

父がいなくなってから、母との関係も悪化した。今まで、父が作った夕食を一緒に食べながら、学校であったことも全て父に話していた。一番の理解者だった父を失った田中さんは、母と2人暮らしになってから「文化の違い」を感じるようになる。

「フィリピンの人と日本人との考え方の違いというか。母がわがままをいう時もあったり、『あなたのためにやってる』っていうのも嘘のように聞こえたりしてしまって」

進学の相談も母にはしなかった。大学受験前で勉強に集中したい時も、母は友人を家に連れてきて、どんちゃん騒ぎすることもあったし、家に男の人を連れてくることもあった。そして「フィリピンの父には内緒にして」と言われる。

今でも「偽装結婚したことで母が捕まらないか、僕も国籍が剝奪されないか、常に不安を持ってます」という。

大学に行って広がった世界

「自分の周りのフィリピンハーフの人たちで大学に行った人は少ないですね」

田中さんは、大学に進学した。大学では外国人の先生も多く、社会問題について議論する授業も多い。間違ったことを言っても怒られることはない。そういう中で色々なことに興味を持ち、勉強だけでなく、学生団体を立ち上げたり、学生のまま会社勤めを経験したりした。

英語の勉強にも励み、通訳の仕事もできるほど英語力が身についた。仲間たちと環境問題やＳＤＧｓなどのテーマでオンライン企画を立てたり、英語のスピーチコンテストを主催したりしている。

大学2年生の時に、田中さんは友人とフィリピン旅行に行った。帰る時、空港に父が会いに来てくれた。5年ぶりの再会だった。「フィリピンはどうだったか?」「日本での生活はどうか?」といった話をした。昔そうしていたように、日本語で会話し、わからない言葉は英語を使う。久しぶりの親子の時間に田中さんも父も涙を流した。

大学3年生の夏には、スタディーツアーでフィリピンに1カ月滞在した。主催団体に許可をもらい、週末は父の家で過ごした。父は60代になっていた。

「父も高齢になってきましたし、また一緒に住みたいです」法的には何ら関係のない2人だが、田中さんにとっての「父親」は、フィリピン人の父1人だけなのだ。

大学の親しい友人たちにも自分の生い立ちを話すようになった。話しても状況を理解してくれない友人、「気にしないよ」と言いながら、法律的に大丈夫なの? と不安に思う友人、ありのままを受け入れてくれ、話を聞いてくれる友人など、反応も様々だ。

「嫌な感じとか差別的な感じを出す人はいませんでした」

大学4年生に上がると、卒業研究で自分と同じようなフィリピンルーツを持つ人たちに話も聞くようになった。

「僕のように他人の戸籍に入って生きている人って結構いると思うんですよ。制度的には困ることがないんです。パスポートもとれるし、投票権もある。だけど、ばれたら、という不安は常にありますから、自分からそのことについて声をあげる人はいないと思います」

偽装認知という手法

2013年、名古屋市内のフィリピンパブで、フィリピン人男性との間に生まれた子供を、見ず知らずの日本人男性に認知させる「偽装認知」という方法で、日本に来ていた女性に会ったことがある。彼女もマネージャーと契約を結んで、その手引きで子供を日本人男性に偽装認知してもらっていた。

日本に来たばかりの頃は、片言の日本語で一生懸命話していた。偽装認知で日本に来たことも教えてくれた。何年か経つと、彼女は客を沢山持ち、売り上げを上げ、契約の途中でマネージャーに金を払い契約を終えた。そこから店のママをやったりと、フィリピンパブ業界の中で成功を収めている。

その頃から、偽装認知しているという話をしなくなった。子供は「日本人」として小学校に上がり、今も日本で生活をしている。

田中さんの母も、今では「その話はしないで」というそうだ。

日本で生活の基盤を作り、これからも日本で生きていく彼らにとって、その話は禁句なのである。

田中さんは、自身の出生の際の偽装結婚を理由に逮捕されるなどの可能性があるか、不安になり、弁護士に相談したという。

「僕の日本国籍が剝奪される可能性はないみたいです。でも母は、もしかしたら捕まるかもしれないと」

田中さんの母が、父がしたことを、犯罪だから「悪い」と断言することは簡単だ。日本で仕事をしたい、生活したいと思っても、日本の厳しい入国管理制度の中では、在留資格を得るのは難しい。だが入国すれば、仕事先はある。企業も働き手を求めている。だから、こうした抜け道を使う外国人も当然出てくる。

日本にフィリピン人が増えてから30年以上がたった今、こうしたことが現実に起き続けている。

ハーフなのに英語話せないの？

愛知県に住む武内アンジェリカ（仮名・22歳）さんは、自身の幼少期を振り返り「小さい時はいっぱい友達がいました。私すごく明るい子供だったので、すぐに友達ができたんですよ」という。

武内さんはフィリピンで生まれ、3歳から日本に来た。小学校低学年までは、自分がハーフということも考えず、周りの子供達と同じだと思っていた。

「ハーフということを意識するようになったのは小学校4、5年生の頃です。今まで仲良く遊んでいた近所の男の子たちが、突然遊んでくれなくなって、名前でからかわれたり、仲のいい子に『あいつと一緒にいない方がいいよ』って言われたり、その時に私がハーフだからいじめられるのかなって悩みました」

この頃から自分が周りと違うということを意識させられるようになった。明るかった性格も暗くなった。いじめてきた男の子たちは、他の女の子もいじめるような「やんちゃ」な子たちだった。学校でも問題になり、武内さんは男の子たちから謝罪を受けた。

「今でもその時の心の傷は残ってますよ」

また、ハーフとして生きていると周りから勝手に様々な期待をされるという。

「英語話せないの？　って言われるのが一番嫌でしたね」

3歳で日本に来たばかりの頃は、英語しか話せなかったという武内さん。だが周りの日本人たちと共に幼稚園に入園し、小学校に入学した武内さんは、今は日本語しか話せない。

クリッとした大きな目をし、彫りの深い顔立ちと、アンジェリカという名前から、周りから英語ができるのではないかと勝手に期待される。

「できないよっていうと、ガックリされる。それが私にとって一番しんどいですね」

それは友人たちだけでなく、中学校の英語の先生からも「ハーフなのに英語話せないなんてもったいない」と言われたこともある。

僕もフィリピンハーフの子供を持つ父として、「子供は何か国語話せるの？」とよく聞かれる。「日本語だけですよ」というと、「もったいない」とも言われる。

だが実際に日本で生活をしながら子育てをしていく中で、英語やタガログ語を教えるのは難しい。ミカ自身も日本語で日々苦労しており、子供たちに同じ苦労をさせたくないからと、家庭の中では日本語しか話さない。

日本語しか教えないというのは僕たち親が決めたことだ。周りから「何で教えないの?」と言われれば、自分たちの考えを説明できる。だが子供自身が選択したことではない。「何で話せないの?」という疑問に本人は答えられず、子供ながらに傷つくこともあるだろう。

武内さんは、ハーフということで周りからの嫌な視線を感じることもある。

「子供の時って意外に敏感に周りの人がどう考えてるかって読めるんですよね。あ、この人私のこと『ハーフなんだ。完全な日本人じゃないから近づかないでおこう』って思ってるってすぐにわかるんですよ」

「スペインハーフ」というと反応が違う

小学校の時の「いじめ」以降、周りの同級生から「ハーフ」ということで特別に見られることはなかった。むしろ、特別に見てくるのは一部の先生や友達の親など、大人たちだったという。

幼い頃から周りに外国人やハーフの同級生がいる今の子供たちよりも、大人の方が「偏見」を持っている。親同士で「あそこの家は外国人だから」と話をするのも耳にすることがある。「外国人だから考え方や感覚が違う」というネガティブなイメージで語られることも多く、そうした影響で子供も、ハーフの子供に対してマイナスなイメージを持つことがある。

「今でもたまにありますよ。『あの人外国人だから近づきにくい』って思われること」

フィリピンハーフということで苦労したこともあった。

「どこのハーフ？　って聞かれて、フィリピンっていうと、あ、って表情されるんです」

フィリピンというと、今では英語留学などのイメージもあるが、90年代から00年代は、フィリピンパブやスモーキーマウンテン、ストリートチルドレン、だった。

またフィリピン女性の多くがフィリピンパブで働いていたこと、そこで多くの日本人男性と出会い、結婚したこともあり、水商売のイメージが根深くある。

フィリピンで育った斉藤さんも「日本人とのハーフだと嫌な目で見られることもあったよ」という。フィリピンでも日本に出稼ぎに出たフィリピン女性のことを「ジャパゆきさん」などと差別的な言葉で差すことがあるのだ。

どちらの国でも「水商売」「日本人を騙す」「ビザ目的の結婚」などのイメージがある

ため、たとえその子本人とは関係なくても、勝手に悪いイメージが向けられる。

「たまにスペインとのハーフだよっていうと、全然反応が違うんですよ。フィリピンの時と違って目が輝いてますね」

武内さんのアンジェリカという名前は、フィリピンの祖母が付けてくれた。

母親に連れられフィリピンに帰省した時、祖母とは言葉は通じなくても、英語の単語やボディーランゲージなどで意思の疎通は取れた。武内さんにとって、大好きなお祖母ちゃんだった。

武内さんが小学校低学年の時、母の元に突然フィリピンから電話がかかってきた。体調を崩し寝たきりの祖母が「最後はアンジェリカと話したい」と言ったためだ。

母は10人兄妹。孫はたくさんいるが、祖母が指名したのは武内さんだった。

「ずっと電話越しに私の名前を呼ぶんです。でも私はタガログ語がわからないから『I love you』しか伝えることができなかった。おばあちゃんはずっとアンジェリカ、アンジェリカって」

親戚も電話越しに泣いているのがわかった。目の前にいる母も泣いている。この話をしてくれた時も、武内さんは泣いていた。

「電話が終わった後に、母がおばあちゃん死んだよって教えてくれました。この時、言葉がもっと話せてたらおばあちゃんともお話ができたのに、って後悔しました」

生き辛さの理由

武内さんは祖母に愛されていた。そんな大好きな祖母が付けてくれたアンジェリカという名前だが、「私が日本で生き辛い理由は、名前でした」という。

アンジェリカという名前を病院などで呼ばれる時、周りからジロジロと見られる。店を予約する時に名前を言っても聞き返される。専門学校に進み、就活の時期に友人から「改名しないの?」とも言われた。

「就活で外国人の名前で英語が話せないと不利にならないの? って言われました。びっくりしました。でも就活は人生を決める大事な時期ということもあったし、名前で良いこと今まであったかな、って考えてみたら、英語も話せないし、がっかりされるし、自分の子供ができた時、お母さん外国人なのって言われるかもしれないし、だったら改名しようかなって真剣に考えました」

スマホで「ハーフ　名前　改名」と検索した。法的手続きも調べた。就活の時期と重なり、自分の名前も人生に関わると思った。

日本名にするなら「かれん」にしようと決めた。これはアンジェリカと祖母が名付ける前に、日本人の父親が考えていた名前だった。

「名前を変えるならせめて親の気持ちが入った名前がいいなと思いました」

親にも改名の話を言うか迷った。だが怖くて話せなかった。改名するということは、自分の今までの人生と祖母を否定することだった。

結局、改名はせずに就活に臨んだ。「全然名前のことなんて聞かれませんでした」3社受け2社から内定が出た。就活は早い段階で終わった。

今は、自宅から近い会社で働いている。ハーフだからと気にされることもなく、職場の人たちにも恵まれているという。

「フィリピンハーフだからということで壁にぶち当たることってあると思うんですよね。でも考え方をちょっと変えたりすると、壁を乗り越えられたりするんです」

アンジェリカという名前を自分から「愛称でアンちゃんって呼んで」と言ったら周りから可愛いと言われるようになった。考え方ひとつで人生プラスになるということも自分の経験から学んだ。

「今が楽しいから、昔もこんなことがあったなって思えるし、振り返ってみたら面白いことばかりですよ」


これから僕たちの子どもはどう生きていくのだろうか。

僕とミカは、自分たちで選んで国際結婚をした。だから苦労や困難があっても、自分たちで選んだ道だからと受け入れることができる。だが子供は自分で選んで、フィリピンハーフとして生まれたわけではない。子供ながらにして、様々な困難に立ち向かわなければならない時もあるだろう。

どこの国にルーツがあろうと、自分自身に誇りを持ち、とにかく楽しく過ごして欲しいと願っている。

第五章　在留資格という関門

家族が離れ離れになる不安

日本で外国人と結婚した身として、一番気がかりな問題はミカの在留資格だ。外国人が、日本に住んだり、仕事をするためには在留資格が必要だ。在留資格は留学や技能実習、医療など29種類に分類されており、認められている以外の仕事をすると、罰金や懲役になる事もある。

在留資格がなければ日本に住むことも許可されず、在留資格を持たない、又、期限を過ぎても滞在すると、不法滞在（オーバーステイ）となり摘発・強制送還の対象となる。ミカは日本人の僕と結婚しているため「日本人の配偶者等」という在留資格が与えられている。就労制限の有無の欄には「就労制限なし」と書かれており、どの仕事をするのも自由だ。

「日本人と結婚したらビザが貰えるんじゃない？」「日本人と結婚したら奥さん日本国

籍が貰えるんでしょ」と言われることがある。

だが、日本人と外国人が結婚しても、日本国籍は与えられないし、結婚したからといって自動的に在留資格が貰えるわけでもない。

結婚した後、在留資格の申請をし、審査に通らなければ在留資格は貰えない。申請者の年収や勤務先、犯罪歴の有無をきかれるのはもちろん、日本人配偶者側の年収、勤務先も確認され、課税・納税証明書なども提出しなければならない。「質問書」には、2人がいつどこで出会い、結婚したかまでのいきさつを具体的に書くことを求められ、夫婦の会話に使われる言語、2人の結婚歴、親族なども事細かに記す必要がある。交際している時の写真も出す。申請者の国からも婚姻証明書などの書類を取り寄せて提出しなければならない。

こうした各証明書類をかき集めて、必要書類を作成するのは簡単なことではない。しかも、どんなに準備しても、申請が100％通るわけではなく、結果が来るまで「もし審査が通らなかったらどうしよう」という不安に襲われる。

無事に在留資格が取れても、今度は定期的に更新に行かなければならない。更新期間は6カ月、1年、3年、5年とあり、与えられた期限の前に更新手続きに行く必要がある。

その際も更新許可申請書に、職業や更新の理由、日本人配偶者の勤務先、年収などを記入し、住民票と「日本での滞在費用」を証明するための課税・納税証明書の提出を求められる。

入管は平日しかやっておらず、書類を集め、記入し、提出するためには仕事を休まなければいけない。

そして定期的に、我が家の収入や納税状況をチェックされ、引き続きミカが日本に滞在することができるかが判断される。

日本人と結婚し、子どもを育てていても、更新が通らなければ在留資格はもらえない。在留資格がなければ、日本にいることもできない。もしかしたらフィリピンに帰され、家族が離れ離れになるかもしれないという可能性が1%でもあると、家族としては気が気ではない。更新のたびに、外国人は国家によって管理されていると感じざるをえない。

永住権申請は却下された

申請窓口には、様々な国籍の人たちが待っている。これだけ沢山の外国人が日本に住んでいるということを知るとともに、いつも長時間待たされるのでうんざりする。更新申請を出して2週間から1カ月後にハガキが届き、裏に期日までに窓口に来るように書いてあれば許可されたことになる。

窓口に行き、新しい在留カードを貰うと、そこに許可された年数が書いてある。結婚したばかりの頃は1年、その後3年、順調に行けば5年と増えていく。

日本で外国人の在留を管理する出入国管理及び難民認定法（入管法）は、日本人として育ってきた僕にとっては、国際結婚をしなければ馴染みのないものだった。

国際結婚した今、入管法は我が家に直接的に影響を及ぼすものとなった。

フィリピンに帰省するときも、フィリピン国籍の妻は日本出国時に空港で、再入国許可の書類を書かなければならず、帰国時も外国人用のレーンに並び、入国審査を受けなければならない。僕の方が先に入国してミカを待つ。この時、時間が長くなると、何かトラブルがあったのではと心配になる。

こうした面倒から、日本に住み続ける在日外国人の多くが取得を目指すのが「永住権」だ。永住権を取ることができれば、在留期限が無期限となり、更新手続きを行わなくてもよくなる。

2020年6月。結婚して年月もたち、子供も生まれ、これからも日本で家族一緒に過ごしていきたい。そう思い、ミカの永住権を申請した。

永住許可申請書に国籍や名前、永住許可を申請する理由を書き、申請する本人と、夫側の在職証明書、課税・納税証明書、年金の納付状況を証明する書類、健康保険に加入していることを証明する書類を求められる。

そうした書類を元に厳しい審査を受けなければならない。つまり日本で何年か「真面目」に過ごしていなければ永住権は貰えない。

申請して数カ月して、封筒が届いた。中には「資料提出通知書」と書かれており、夫側の納税状況をさらに詳しく証明できる書類を提出するように求められた。

書類を発行してもらうために最寄りの税務署まで行く。税務署の職員に入管から届いた書類を見せても「さぁ。多分これでいいと思うんですけどね」という。入管に求められた書類が正しいか役所の窓口に聞いても、こういう反応をされることは多い。発行してもらった証明書を入管に送付する。

2020年10月末。入管から封筒が届いた。三つ折りの書類を開いてみると「不許可」の文字。入管に提出した子供と3人で撮った写真も返却される。

それを見て僕は何とも言えない気持ちになる。ミカは「しょうがないよ。だって私外人でしょ。日本のルールに従うだけだよ」という。

日本で子育てをして、近所で仲の良い友達ができても、在留資格が無ければ日本にいられない。そして、在留資格の審査では「人柄」は全く影響しない。

フィリピン国籍のミカも厳しい入国管理制度上管理されている身だが、当の本人は「日本は厳しくても、嘘がないでしょ。ちゃんとルールがあるからそれでいい。悪い人も来られないでしょ」という。

母となったミカにとって、一番大事なのは安心安全に子育てができる環境だ。そのためには厳しい入国管理制度も仕方がないという。だが、これはミカが今、正規の在留資格を得た立場として感じることだ。10年前は、偽装結婚しているという負い目から常に摘発されるのではないかという不安を持っていた。偽装結婚という手段を選んだのも、そうしなければ日本に来られなかったからだ。

厳しい入国管理制度ゆえに、厳しい立場に置かれる外国人は少なくない。日本で働くためには、違法な方法で入国を斡旋するブローカーを頼るしかなく、偽装パスポート、偽装結婚、偽装認知などの方法でしか来ざるをえない状況がある。違法な方法を選択してしまったために、自由がなく、理不尽な環境で働き、搾取されていても誰にも助けを求められない。そして捕まれば犯罪者となり、マスコミにも実名で報じられる。偽装結婚をして日本に来たミカも、もしかしたら捕まってフィリピンへ強制送還されていたかもしれない。今こうして、家庭を持ち子育てが出来るのは「運」が良かったというだけだ。

日本の労働人口が減り、コンビニや飲食店で外国人が働いている光景は当たり前になった。新型コロナで外国人が入国できなくなった時は、労働力が足りなくて工場が稼働せず、資材や部品等が届かなくなったりもした。今や外国人の力を借りなければ日本の社会、経済は回っていかない。労働の需要があるのに、正規の入国手段が難しい場合、非正規の方法での受け入れが始まる。

「外国人を受け入れるかどうか」という議論が繰り返されている間に、既に多くの外国人が日本に住み、家庭を築き、子供を育て、そして日本で人生を終え出している。

地域行政に外国人受け入れを任せきりで、国は外国人を「管理」するだけでよいのか。少なくとも、真面目な外国人が日本に住みやすくなるような政策を作るよう方針を転換することは、国にとっても有益なのではないか。

これからも僕とミカは「真面目」に過ごして、子供たちの為にも母であるミカが「永住権」を取れるように頑張るしかない。

フィリピンパブ嬢たちのその後

ミカと出会い12年の月日が流れた。偶然入ったフィリピンパブで偶然隣に座ったフィリピンパブ嬢とまさか結婚し子供ができるとは、当時は全く想像していなかった。

僕たちが予期していなかった人生を辿ったように、12年前に出会ったミカの友人たちもそれぞれの道を歩んでいる。

契約が残っているにもかかわらず、偽装結婚相手に離婚をお願いされ、フィリピンに帰らされた友人。売り上げがあげられず、日々マネージャーから叱られ、フィリピンに逃げてしまった友人。日本人男性と結婚をし、フィリピンパブの仕事を辞めて日本で家庭を築いている友人。契約を終えフリーとしてフィリピンパブで働き続ける友人など。

今はSNSで互いの近況はわかるから、久しぶりに会っても、すぐに昔話で盛り上がる。

皆、当時は月6万円程の給料の中から、自分の欲しいものを我慢してでも、フィリピンの家族に送金をしていた。私服を買うこともなく、ヨレヨレのTシャツを着ていた友人たちが、今では月に100万円稼ぎ、毎月お客さんからブランド物のバッグを2、3個プレゼントしてもらい、高級焼肉に何度も連れていってもらったりしている。

「高い焼肉もディズニーランドも飽きちゃった。お客さんと行っても面白くない」と言いながら、僕の家でスーパーの安い焼肉を「美味しい」と言いながら食べてくれる。

稼いだ金でフィリピンに土地を買い、ビルを建ててテナント貸しをしたり、自分でもビジネスを始め、フィリピンで成功している友達もいる。まさにジャパニーズドリームを摑んだのだ。

今でも名古屋市中区栄4丁目のフィリピンパブ街に行くと、そうしたジャパニーズドリームを追い求めて、日本に来たフィリピン女性たちと出会う。

たどたどしい片言の日本語を話し、わからない日本語があると、カバンからローマ字で日本語の単語と意味がびっしりと書き込まれた小さなメモ帳を取り出す。

「日本に来てどれぐらい？」と聞くと、3カ月や半年という。12年前に僕と出会ったときのミカと同じようなフィリピン女性たちに今でも数多く出会う。

店で出会った若いフィリピン女性に、僕とミカがこの街のフィリピンパブで出会い、彼女は偽装結婚をしてマネージャーとの間に契約を結んでいたが、今では結婚して子供もいるという話をすると、

「あなたの奥さんもタレントだったの⁉　もう契約終わった？　今は夜仕事してない？あなたの奥さんラッキーだね」と言う。そして「私もタレントだよ」と。

今はフリーとしてフィリピンパブで働く友人は「今もいっぱい偽装結婚で日本に来てるよ。今の若い子はつまらない。話も面白くない。お客さんを喜ばせようともしない。仕事しない」という。

僕が2011年にフィリピンパブのことを調べ出した時、90年代から00年代前半にフィリピンパブで働いていた女性たちは、偽装結婚して来ているフィリピン女性たちに対し「今来てる子はつまらない。ダンスも、歌もできない」と言っていた。いつの時代も、どの仕事でも「今の若い子は」というものなのだ。

長くなる契約期間

12年前のミカたちと、今、日本に来るフィリピン女性たちの待遇に大きな違いはない。

今もその多くが偽装結婚という方法で入国し、マネージャーとの間に契約を結んでいる。給料も月6万円、休み月2回、売り上げノルマやペナルティーもある。そして外出の自由もない。

12年前と変わったことは、契約の長期化だ。2011年頃は契約期間が2年か3年が多かったが、今は4年か5年が多い。契約を長期化することにより、長い期間マネージャーはフィリピン女性から稼ぐことができる。長くフィリピンパブで仕事をさせることにより、仕事も覚え、客も付き、売り上げも上がる。

「契約は4年です。先のことはわからない。どうなるのかな？」と、日本に来て3カ月という20代後半の女性は、店で周りに聞こえないよう小さな声で言う。まだ日本語も上手くなく、客も少ないようで、売り上げノルマを達成できないそうだ。

日本に来て1年になる20代前半の女性からマイナンバーカードを作るのを手伝って欲しいとお願いされ、役所まで一緒に行ったこともある。

彼女の住民票を見ると、60代の男性と結婚していた。

「あまり会わないよ。ビザの更新の時ぐらいかな。静かでいい人だよ。お店にも来ない」

彼女は住民票に記載されている住所と違うところに住んでいる。

マネージャーとの間に契約を背負っている女性たちと知り合うと、外出できないから薬やタバコを買ってきて欲しい、とお願いされることもある。

教えてもらったマンションの下まで行くと、帽子を深くかぶり周りを気にしながらコソコソと下までくる。僕がミカと初めて外で会った時と同じだ。

客が付き、売り上げをあげている女性たちに悲愴感はない。最新のｉＰｈｏｎｅを持ち、腕にはアップルウォッチをつけているタレントも少なくない。マネージャーもある程度外出の自由は認めている。

だが売り上げが上げられないと、外出の自由もなく、売り上げノルマが達成できなければ休みもない。ペナルティーで給料から罰金を取られ、フィリピンに送金する金もなくなる。

「本当にストレス。毎日泣いてる」という女性もいた。

契約も約束通り守られるとは限らない。

「マネージャーと契約が終わる時に、契約まだ終わらないって言われて喧嘩になったよ」と契約期間のことで揉めたという話はよく聞く。

日本人の彼氏や、フィリピン人の友人に助けを求め、マネージャーと話し合い、契約を終えることができたという女性も多い。契約といっても、口約束だ。マネージャー側にすべて決定権があり、その下で働くフィリピン人女性は何も決めることができない。日本で助けを求められる人がいなければ、マネージャーの都合のいいように契約期間を延ばされてしまう。

「私、逃げたいんだけど。逃げた後のビザってどうなるのかな?」と相談されることもある。相談してきたフィリピン女性は、日本に来て3年になり、客も付き、売り上げもあげている。一見すると何も困らなさそうに見えるのだが「なんで逃げたいの?」と聞くと、「もうこの仕事嫌だからさ」と答える。

相談を受けた1カ月後に彼女はいなくなった。その後、彼女と同居していた女性たちへの監視が強くなり、毎日店の男性スタッフが家を覗きに来るようになったという。

今も偽装結婚による入国は続いている。そして当時と変わらず、マネージャーによる搾取も続いている。フィリピン女性たちは常にノルマとペナルティーに耐え、摘発の不安に怯えなければならない。

僕がフィリピンパブを調べ始めた12年前から、彼女らの置かれた状況はほとんど変わっていない。

だが、変わったこともある。12年前は、ミカのように契約を背負っているフィリピン女性はプリペイド式の携帯電話を使っていたが、今ではガラケーは姿を消し、スマホを持つようになった。

フィリピン映画の海賊版DVDを取り扱っている店も無くなり、煙を出しながら外でバーベキューをしている店もなくなった。

新型コロナ前ごろからホストクラブが増え、フィリピン人よりもホストの方が目立つようになった。

当時よく名前を聞いた偽装結婚のマネージャーの多くは街からいなくなったという。そしてまた新しいブローカーが誕生している。

当時ミカを指名していた客の1人は、偽装結婚相手候補として、フィリピンまで行ったそうだ。

夜の街は噂話が多く、どこまで情報が正しいかはわからないが、12年経って、そこにいる人たちも変化しているのは確かだ。

新型コロナとフィリピンパブ

２０２０年には新型コロナウイルスが世界的に蔓延し、フィリピンパブ街を直撃した。フィリピンパブでクラスターが発生したと連日報道された時期もあり、客足が遠のいた。県からの休業要請に従い、多くのフィリピンパブが店を閉めた。

「どうしよう。店がしまっちゃった」とフィリピンパブで働く女性たちは困っていた。夜働けなくなった女性たちの中には、介護の仕事やホテルのベッドメイキングなど、昼の仕事に変わった人もいた。また名古屋市郊外でまだ開いていたフィリピンパブに移る女性もいた。

契約を背負う女性の中には、コロナで店が休業になり、給料が貰えなかったり、休んだ分の月だけ契約が延ばされたという例もあった。

街から客足は途絶え、フィリピンパブも消えてしまいそうだった。

だが、２０２３年の今では客足も戻り、店にもフィリピン女性たちが戻ってきた。外にはフィリピン人男性の客引きもいるし、新規でオープンするフィリピンレストランやフィリピンパブもある。

栄4丁目の中心にある池田公園では、定期的にイベントが開催され、フィリピンから有名な歌手が来る時には、ものすごい数のフィリピン人たちが集まる。未だに街の主役はフィリピン人たちである。

これから10年後、フィリピンパブ街はどうなっているのだろうか。様変わりしながらもフィリピンパブ自体は生き残っているような気がする。

ベトナム人とフィリピン人で会話は日本語

毎晩仕事から帰ると、ミカが料理を作って待っていてくれる。アドボやシニガン、ニラガなどのフィリピン料理が出る時もあれば、焼き魚や鍋、お好み焼き、焼きそば、味噌汁など、日本の家庭料理もある。ミカは料理が上手で、種類が多く、僕も子供も毎日夕食を楽しみにしている。

愛知県には、フィリピンレストランやフィリピンの調味料などを取り扱っている店も多いから、手軽に本場の味を楽しめる環境でもある。

フィリピンパブ街がある名古屋市はもちろんのこと、郊外にも多く店がある。郊外の店は駐車場も完備されており、車でも行ける。店内にはフィリピンのバナナケチャップや酢、豚の皮を揚げたチチャロン、子供用の甘いキャンディーなど、なんでも揃っている。

最近ではベトナム人向けの雑貨屋も増え、ここでもフィリピンの調味料が取り扱われている。ベトナム人の店員とフィリピン人のミカが会話をする時、使用する言語は日本語だ。

孵化直前のニワトリの卵をゆでたバロットも一つ95円で売られている。

「お兄さん、日本人ですよね。バロット食べるんですか?」とベトナム人の店員に驚かれる。話を聞いてみると、バロットのファンは多いようで、入荷してもすぐに売りきれてしまうそうだ。

バロットは、沸騰させたお湯で15分茹でて、少し冷ます。スプーンで卵の上を叩いて割ると、殻の上の方を剝いて、卵の中のスープを飲む。好みで塩や酢を入れて、殻を少しずつ剝きながら中身を食べていく。卵の中には血管が通っており、鳥の形をした雛もいる。見た目だけで食べられない人も多い。僕も初めてフィリピンで食べたときは、震えるほど怖くて、目を閉じて食べた。だが食べてみると、チキンスープや茶碗蒸しのような味で美味しい。はじめは見た目で無理、と言っていた人たちも一度食べると癖になる。

最近ではドン・キホーテでも、フィリピンの調味料やインスタントラーメン、ティラピア（魚）などの食材が置いてある。

脂っこいフィリピン料理を食べた後に、急須で緑茶を淹れ、饅頭を口の中に入れながら「これ美味しいけど太るわ」と夫婦で口直しをしながら会話をしたりする。

子育てのスキルがアップ

子供が幼稚園に入園し、はじめは「これどうするのかな？」と全てが初めてで不安に思っていたミカも、僕の母に手助けされながら、一つずつ出来ることを増やしていっている。

幼稚園の先生も、ミカがフィリピン人で日本語が苦手ということをわかってくれていて「電話はお祖母ちゃんに先にしますか、お母さんに先にしますか？」と気を遣ってくれる。忘れ物など急なことはミカに、幼稚園の行事予定や持ち物の変更などは僕の母に電話がかかって来る。

幼稚園で話をするお母さんたちも増えてきた。「この前うちの子が、幼稚園の遊び時間に三輪車を貸してもらったって家で話してくれました。いつも仲良くしてくれてるみたいでありがとうございます」とわざわざ、声をかけてくれるお母さんもいる。

「うちの子もいつも仲良くしてくれてありがとうございます」とミカは返す。

ミカがフィリピン人とわかっても、特段変わることもなく接してくれるそうだ。

いつも楽しく登園している子供が突然「幼稚園に行きたくない！」と言いだし、休むこともある。無理やり幼稚園に連れていき「ママと離れたくない」と泣きながら登園することもある。

「なんか幼稚園で嫌なことあったかな。心配だな」とミカは不安そうに言う。

個人懇談の時にミカが心配に思っていることを先生に相談する。もちろん日本語でだ。

「幼稚園では楽しそうだって。毎日外でサッカーしてるって」「ひらがなが書けないこと心配してるって話したら、年長になったらひらがな勉強するから心配しないでって言われた」と安心したように僕に話す。

幼稚園に入園したばかりの頃は「私の日本語下手だから先生たちと話せるかな」と心配していたが、今では幼稚園でわからないことがあると「明日先生に聞いてくるわ」と言って、自分で聞きに行くようになった。「大丈夫。日本語わかるから」と。

幼稚園から貰ってくる手紙も、スマホのアプリを使い、日本語で書かれた書類をカメラで写し、英語に翻訳する。翻訳してもわからない所があると僕に聞くようになった。幼稚園から帰るときも、他のお母さんと話しながら帰ってくる。幼稚園から緊急のメールがあったときは、近くに住むお母さんが家まで来て知らせてくれることもある。

今となっては、子供のことや幼稚園のことは僕なんかよりもミカの方が詳しい。運動会などのイベントで幼稚園に行くときは、僕がミカの後ろについていき、ミカが知り合いのお母さんたちと挨拶しているのを後ろから見ることしかできない。

子供がいるからこそ、日本人の中に入っていくことができる。そして子育てをしながらミカも日本で生きていく自信をつけていっている。

コロナ禍での在日外国人

２０１９年10月、ミカのお腹の中に２人目の赤ちゃんがいることが分かった。１人目の時とは違い、今は就職して収入もある。素直に嬉しいと思えた。

ミカにとって２回目の妊娠だ。僕の仕事が休みの土曜日に、近くの産婦人科に定期健診に通った。といっても、健診前の血圧や体重測定はミカが1人で行う。ミカは医者とも自分の言葉で話し、気になることがあれば自ら質問する。僕は待合室で上の子供の面倒をみるだけだ。こうして家族で、お腹の中の赤ちゃんの成長を楽しみに見守っていた。上の子も、お姉ちゃんになることが嬉しそうだった。

だが、2020年、新型コロナウイルスが蔓延した。

マスクを着用し、人との距離をとるソーシャルディスタンスや3密といった言葉も使われるようになった。行動制限や休業要請などで、人と人とが会うことも難しくなった。

コロナの影響が広がり始めた頃、「国民全員に10万円が給付される」と報道された。僕の周りの人たちは「助かる」と喜んでいたが、僕は手放しでは喜べなかった。国民の中に外国籍の妻は入るのだろうか?

「税金なんだから日本人だけでしょ」という声も聞こえてきた。

ワクチン接種が始まった時も同じだ。ワクチンの数が少なく、誰から優先的に打つかが話されるようになる。こういう時も「日本人が優先されるのは当たり前」といわれた。

非常時だけではない。オリンピックやワールドカップの試合では、ミカは一生懸命、僕の隣で日本代表を応援している。日本が勝つと、インタビューで「国民の皆様」という言葉がよく使われるが、こういう時も、一生懸命応援していたミカは含まれるのかな、と考えてしまう。

外国人の生活保護打ち切りや、違法行為をした外国人は即強制送還、といった過激な意見もネット上には多い。そういう言葉の背景にある、敵意のような視線が、何もしていないにしても、同じ外国人である妻にもむけられていると感じる。

「外国人だからしょうがない」と本人はよく言うが、家族としてはどこか疑問に思う。そして今、家族の中に外国籍の人がいる家庭は決して少なくない。

日本語を懸命に覚え、税金を払い、日本の法に従って生きている「外国人」は多い。「国民」の定義とは何だろうか。

結果として、ミカは無事に10万円の給付金を受け取り、ワクチンも接種できた。「本当にありがたい。子供たちのお金にできる。助かる」とミカは感謝していた。

ミカのように、日本で「日本人」を育てている外国人の親も多い。その子たちは日本で育ち、大人になり、働いて納税者となり、選挙権を持つようになる。

禁止された立ち合い出産

2020年4月、緊急事態宣言が発出された。

愛知県も対象となり、今度こそ出産に立ち合おうと決めていたが、コロナウイルスの感染対策で禁止された。

その4月の早朝。予定日よりも1週間早く陣痛が来たミカを病院まで連れていった。医師はミカの様子を見ると、「今赤ちゃん出しましょう」という。

「お父さん、お子さんと家で待機しててください。入院の準備だけしてまた来てください」と言われる。

ここから子供と2人の生活が始まった。はじめは「ママいつ帰ってくるの？」と僕に訊いていたが、「ママがいない！」と大泣きしだした。

普段から子育てをミカに任せっきりにしてしまったせいで、子どもは僕と2人だと不安がる。玄関まで行き、扉の前で「ママどこー！！？」と泣き叫ぶ。公園に連れて行き、遊ばせて気を紛らわせる。

昼過ぎに第2子が産まれたと連絡が来た。2740グラム。元気な女の子とのことだった。

会社を1週間休み、実家からも僕の母が応援に駆けつけてくれ、毎日子供を遊ばせて、夕方に母に子供を預けて1日1時間、夫だけに許可されている面会に向かった。生まれたばかりの赤ちゃんは小さい。今、家で待っている上の子も、生まれたばかりの頃はこれぐらい小さかったと懐かしくなる。

面会に行くたびにミカは「ねぇ。子供大丈夫？　ちゃんと面倒見れてるの？　ご飯食べさせてる？」と自分のことよりも、家で待つ子供のことを真っ先に心配する。

夜、寝る前に「ママの所に行く」という上の子を抱っこし、寝るまで近所を歩いた。やがて、朝起きても「ママ‼」と泣く事も無くなった。僕と2人っきりの生活にも徐々に慣れてくれた。

そして1週間後、待ちに待った退院の時が来た。

病院からミカが出てくると、子供が走ってミカの元に行く。ミカも「会いたかったよ！」と子供を抱きしめる。

「赤ちゃん可愛い‼　小さい」と初めて対面した妹を見て喜んだ。

ミカも上の子も、1週間も会えずにお互い不安だっただろうが、乗り越えてくれた。

そして僕も少しだけ、父親として子供の面倒を見られたような気がする。

子供が2人に増え、賑やかになった。ミカは、上の子で経験しているため、乳幼児健診や予防接種など、1人でできる事も増えた。

下の子も寝返りを打つようになり、ハイハイをし、つかまり立ちをし、歩くようになっていった。いつもお姉ちゃんの後をついて歩き回り、言葉も真似をして覚えていく。今では、姉妹2人で会話をし、時には喧嘩をしてミカに叱られ「ママ怖い」と僕のところに飛んでくる。

ミカはもう母親として、2人の子の人生を背負っている。

フィリピンの家族とは会えない

やがて、フィリピンでもロックダウンが始まり、日本より厳しい行動制限が強いられた。フィリピンの家族の生活も苦しくなったため、我が家からもいくらか支援した時もあった。

コロナ以後、フィリピンの実家にも帰省できていない。下の子は、フィリピンのおばあちゃんたちとはスマホのビデオ通話で話すのみ。まだフィリピンの家族と会えていない。

そして2022年1月。上の子が発熱し、嘔吐した。次にミカ、その次にまだ1歳の下の子も体調を崩した。病院まで車で行き、駐車場で待機した。駐車場は検査待ちの人たちでいっぱいだった。フェイスシールドと防護眼鏡をした医師が来て、綿棒を鼻の奥に入れPCR検査をしたら、僕以外は全員陽性だった。

14日間の隔離生活に入った。熱と嘔吐に苦しむ3人を看病しながら、保健所と連絡をとりあい、毎日検温し、病院から貸し出されたパルスオキシメーターで酸素飽和度を計測した。毎日の健康状態を「厚生労働省新型コロナウイルス感染者等情報把握・管理支援システム」（HER-SYS）に入力する。

はじめは皆、喉の痛み、頭痛、熱で苦しんでいたが、段々と元気になっていき、長い隔離期間を終え、ようやく外に出られた。

下の子供はコロナ禍に生まれたため、コロナの世界しか知らない。上の子も幼稚園ではマスク着用し、幼稚園の行事も参加できるのは保護者1人まで、と制限されている。

このコロナ禍が早く終わり、子供たちが楽しく過ごせる日々が戻ってほしい。

ミカ、発表会でスピーチする

２０２２年2月。地元で「外国人から見た日本での生活」をテーマにした発表会が開催されることになった。

そこで、「ミカさんも話さない？」と誘われた。良い機会だからと思い「話してみたら？」と勧めたが「絶対に無理！　私の性格わかるでしょ。人前で話すなんてできない。日本語も下手くそだし」と断られる。

ミカは人見知りだ。初対面の人と話すのは苦手だし、もちろん人前に立つこともできない。

「子供にもママが頑張ってるところ見せてあげようよ」と言っても「私の性格わかるでしょ。できないよ！　無理！　絶対無理！」と断る。

それでも3日間かけて説得すると、

「わかった!!　でもあなたも助けてよ！」と受けてくれた。

話す内容を一緒に考えていく。日本に来た時、子供を産んだ時、子育て中の今など、日本で感じた様々な思いを話すことにした。

「あーもう、何話せば良いかわからないな」家に帰ると、白い紙にローマ字で話す内容をびっしりと書いている。発表の準備で家の掃除もできなかったと、台所には皿が置いたままで、洗濯物が山積みになっていた。

「ちょっと練習するから聞いて」と話し始める。間違えた日本語の助詞の使い方や単語などを直す。

「難しいな」とミカは頭を悩ませる。

下の子供を抱きながら、ミカは自分で書いた原稿を読み、懸命に練習していた。

普段は自分のことをあまり話さないミカが、日本で生活する中で感じている想いを聞くいい機会となった。

「寂しいって感じることもあるよ。フィリピンだったら外でたらそこら中でお喋りしてるでしょ。でも日本は知らない人とはあんまり話さないじゃん。私、近くに友達もいないでしょ」

やはり異国の地での子育て。孤独に感じる時もあるようだ。

「日本語下手でしょ私。だから変なこと言わないかなって思うとあんまり他のお母さんたちとも話せないよ」

自分の日本語能力にコンプレックスを持ち、他のお母さんたちとの間に自ら壁を作ってしまう時もある。

言葉の問題は常にミカに付きまとう。幼稚園からの書類が読めず、子供の忘れ物が多くなる。参観日に子供と一緒に工作するとは知らず、新聞紙やペンを忘れ、近くに座るお母さんに借りたこともあった。

「ほんとに恥ずかしいよ。あと子供に悪いなって思う。ママが日本語わからないから恥ずかしい思いさせてごめんねって」

上の子を幼稚園に送り、下の子の面倒を見ながら洗濯、掃除、買い物をして、昼過ぎに上の子供を幼稚園に迎えに行き、公園で遊ばせる。子供が悪いことをするとしっかりと叱り、手伝ってくれれば褒める。夜になると2人の子はミカにしがみつきながら寝る。子供たちにとって一番頼れるのは、母であるミカだ。家事も育児も毎日しっかりこなすミカを見ると立派に見えるが、彼女の心の中には寂しさや、悔しさもある。発表の準備をする中で、僕はミカが日本で感じている心の内を少し知ることができた。

「明日だ。やばいどうしよう」発表前夜、子供たちを寝かしつけた後、ミカは最後の練習をしていた。「あー。もう寝れない。緊張するな」布団に入っても、緊張で眠れない。

そして当日の朝を迎える。「緊張で一睡もできなかった」というミカ。

会場には15人程の聴衆がいた。ミカは前に出て、自分の名前が示された席に座った。ミカの順番が来る前に、ベトナム人と中国人の女性がスピーチした。2人とも日本の大学院を出たり、企業で働いたりしている。流暢な日本語でパワーポイントを使いながらスピーチする。2人の日本語を聞き、ミカよりも滞日歴は短いが、正式に日本語を学んでいるため、上手い。

そしてミカの順番が回ってきた。マイクを両手で持ち、震える手を抑える。

「こんにちは。わたしのなまえは、ミカです。フィリピンじんです。きょうはよろしくおねがいします」

一生懸命ゆっくりと話し出す。

「日本の病院はすごく良かったです。みんな日本語もゆっくり話してくれて優しかったです」

「今、子供は幼稚園に行ってます。お友達も多くてママも嬉しいです」

「日本で好きな食べ物は寿司と味噌汁です」

「日本は静かで街が綺麗です。静かで安心です。フィリピンはどこ行ってもうるさいです。でも日本は静かすぎて寂しくなることもあります」

「これからも日本で家族と一緒に暮らしていきたいです」

など、日本での子育ての話を中心に15分間話をした。

「緊張した。もう2回目はないよ。私以外みんな日本語上手じゃん。恥ずかしかったわ」

ミカはどっと疲れた顔をする。

子供たちが「ママすごーい！」とミカに言う。

「パパ！　ママ頑張ったから昼はしゃぶしゃぶにしてよ！」と娘が言う。頑張ったミカを労うために、その日はしゃぶしゃぶを食べに行った。

おわりに

結婚した当初は「私わからないから」と、すべてにおいて僕の後ろについてくるだけだった。そんなミカが日本で2人の子を産み、育てるうちに、彼女自身も変わっていった。

今では幼稚園の先生やお母さんたちと話をし、自転車に子供を乗せて公園まで行き、そこでも日本人のお母さんたちと話す。病院にも1人で子供を連れていけるし、市の子育て支援イベントにも1人で子連れで参加する。そして人前で、日本語でスピーチすることもできた。

もちろん、僕の母のサポートはまだ欠かせない。幼稚園からもらう、遠足や発表会の案内も、まだ1人では理解できない。子供が成長していくと更にわからないことにも直面するだろう。

それでも、僕の母だけでなく、近所の同じ年の子を持つお母さんたち、そして微力ながら僕のサポートを受けつつ子育てをしている。

２０１０年にブローカーの手引きで偽装結婚をして日本に来たミカ。フィリピンパブで月６万円、休み月2回、外出の自由もないという厳しい契約を結びながら辛いことも沢山あったが、偶然フィリピンパブに訪れた僕と出会い、交際し、結婚して子供を産み、今では家族４人で暮らしている。

「日本は優しい人多いよ」ミカは良くこう口にする。

いつまでもそう思える社会であってほしい。そしてミカにとって一番身近にいる僕が彼女の良き理解者でありたい。

これからも僕たちの人生は続く。

楽しい事も、辛い事も、大変な事も、家族で乗り越えていきながら。

＊

ほぼ無収入・無名の大学院生とフィリピンパブ嬢が出会い、周囲の反対やトラブルに巻き込まれながらも交際を続け、結婚するまでを描いた前作『フィリピンパブ嬢の社会学』は、僕自身が驚くほど共感を得られたようで、２０２３年には映画『フィリピンパブ嬢の社会学』として公開されることになった。本文中でも何度も言っているが、ミカと出会った当時、まさかこんな未来が待っているとは思わなかった。この場を借りて、読者をはじめ関係者の皆さまにあらためて感謝を申し上げたい。

その続編となる本書では、結婚後の2人と新たに生まれた子供たちとの生活を描いた。統計資料や取材だけではわからない、国際結婚家庭のリアルな姿を伝えたつもりだ。また、家族とお金と子育てで直面する問題は、外国人と結婚した人も日本人同士の夫婦でも重なるところがあるはずだ。

僕たち家族の日常を面白がってくださると同時に、何か役に立つところがあったとしたら著者としては望外のよろこびである。

最後になりますが、前作の担当編集をしてくださり、今作を書く機会と様々なアドバイスを下さった、新潮編集部、松倉裕子様、今作の担当編集をしてくださった新潮新書編集部、安河内龍太様に感謝を申し上げます。

そして、いつも「本を書く」「映画を作る」という突拍子もないことを言っても応援してくれる妻と2人の子供たちにも、本当にありがとう。

中島弘象　1989年、愛知県春日井市生まれ。中部大学大学院修了（国際関係学専攻）。名古屋市のフィリピンパブを中心に取材・執筆を行う。前著『フィリピンパブ嬢の社会学』は映画化が決定された。

Ⓢ新潮新書

1002

フィリピンパブ嬢《じょう》の経済学《けいざいがく》

著　者　中島弘象《なかしまこうしょう》

2023年6月20日　発行

発行者　佐　藤　隆　信

発行所　株式会社 新潮社

〒162-8711　東京都新宿区矢来町71番地
編集部（03）3266-5430　読者係（03）3266-5111
https://www.shinchosha.co.jp
装幀　新潮社装幀室

印刷所　株式会社光邦
製本所　株式会社大進堂

ISBN978-4-10-611002-3 C0236

価格はカバーに表示してあります。

Ⓢ新潮新書

982
患者が知らない開業医の本音
松永正訓

「儲かってる?」なんて聞かないで。開業資金、患者の取り合い、医師会、クレーマー、コロナで収入激減、自身の闘病――。勤務医を辞めてクリニックを設立した舞台裏、すべて書きました。

814
皇室はなぜ世界で尊敬されるのか
西川恵

最古の歴史と皇族の人間力により、多くの国々から深い敬意を受けている皇室は、我が国最強の外交資産でもある。その本質と未来を歴史的エピソードに照らしながら考える。

872
国家の怠慢
高橋洋一　原英史

新型コロナウイルスは、日本の社会システムの不備を残酷なまでに炙り出した。これまで多くの行政改革を成し遂げてきた二人のエキスパートが、問題の核心を徹底的に論じ合う。

902
古代史の正体
縄文から平安まで

関裕二

「神武と応神は同一人物」「聖徳太子は蘇我入鹿」など、考古学の知見を生かした透徹した目で古代史の真実に迫ってきた筆者のエッセンスを一冊に凝縮した、初めての古代通史。

917
日本大空襲「実行犯」の告白
なぜ46万人は殺されたのか

鈴木冬悠人

第二次大戦末期。敗色濃厚の日本に対して、なぜ徹底的な爆撃がなされたのか。半世紀ぶりに発掘された米将校２４６人、３００時間の肉声テープが語る「日本大空襲」の驚くべき真相。

Ⓢ新潮新書

704
フィリピンパブ嬢の社会学
中島弘象

922
ビートルズ
北中正和

986
ボブ・ディラン
北中正和

979
流山がすごい
大西康之

992
2035年の中国
習近平路線は生き残るか
宮本雄二

月給6万円、雇主はヤクザ、ゴキブリ部屋暮らしのフィリピンパブ嬢のヒモになった僕がみた驚きの世界を、ユーモラスに描いた前代未聞、異色のノンフィクション系社会学。

グループ解散から半世紀たっても、時代、世代を越えて支持され続けるビートルズ。音楽評論の第一人者が、彼ら自身と楽曲群の地理的、歴史的ルーツを探りながら、その秘密に迫る。

その音楽はなぜ多くの人に評価され、影響を与え、カヴァーされ続けるのか。ポピュラー音楽評論の第一人者が、ノーベル賞も受賞した「ロック界最重要アーティスト」の本質に迫る。

「母になるなら、流山市。」のキャッチコピーで、6年連続人口増加率全国トップ――。流山市在住30年、気鋭の経済ジャーナリストが、徹底取材でその魅力と秘密に迫る。

建国百年を迎える2049年の折り返し点とされる2035年に習近平は82歳。その時中国はどうなっているのか？　習近平を最もよく知る元大使が、中国の今後の行方を冷徹に分析する。